W0191994

Michael Gerber

In der Tiefe der Wüste

Michael Gerber

In der Tiefe der Wüste

Perspektiven für Gottes Volk heute

HERDER

FREIBURG · BASEL · WIEN

Inhalt

Vorwort

Tiefgründig oder doch eher abgründig? Was tritt zum Vorschein, wenn ein katholischer Bischof »in der Tiefe ...« nach Perspektiven für Gottes Volk heute sucht?

Das vorliegende Buch entstand im zehnten Jahr, in dem ich Bischof bin, und im fünften Jahr als Bischof von Fulda. Die zurückliegenden zehn Jahre haben mich geprägt. Meine Zeit als Weihbischof war eine erste Phase mit der Frage: Was könnte es heute bedeuten, Bischof zu sein? Nach meinem Amtsantritt in Fulda wurde ich rasch mit drei schockierenden Ereignissen im Bistumsgebiet konfrontiert: die Ermordung des Kasseler Regierungspräsidenten Walter Lübke im Juni 2019, die Anschläge von Hanau Anfang 2020 und wenige Wochen danach die Amokfahrt am Rosenmontag in Volkmarsen. Nur Tage später wurde unser Leben geprägt vom Ausbruch und den Folgen der Corona-Pandemie. Aktuell erleben wir die großen Krisen in der Ukraine, im Nahen Osten und in weiteren Regionen der Welt. Sie stellen mir die Frage: Wo und wie sind wir dabei als Kirche gefordert? Wie widerstehen wir der Versuchung, angesichts aller innerkirchlicher Herausforderungen um uns selbst zu kreisen? Wo werden wir als inspirierend und relevant erfahren?

Wer sich auf die Suche nach dem Tiefgründigen begibt, darf die Auseinandersetzung mit dem Abgründigen nicht scheuen. Sonst besteht die Gefahr, dass das, was als tiefgründig dargestellt wird, sich bei genauerer Betrachtung als allzu seicht erweist. Auf eine meiner Predigten bekam ich zwei Tage später eine kritische Zuschrift: »Herr Bischof, wohin soll denn das noch alles führen?« Ja, genau, wohin führt das? Wir stehen als Gesellschaft und als Kirche in selten gekannter Radikalität vor der Grundfrage: reine Selbsterhaltung oder beherzter Einsatz für andere? Wie oft haben wir uns bislang nicht schon einseitig für die Option Selbsterhaltung entschieden ...

Wenn mir nach menschlichen Maßstäben noch 20 Jahre als Bischof von Fulda gegeben sind, dann kann es mir nicht darum gehen, angesichts der Abbrüche im kirchlichen Leben noch möglichst viel in die Zukunft hinüberzuretten. Mir geht es um eine Qualität, die von Tiefe und Weite geprägt ist. Das schließt die Fähigkeit mit ein, bewusst loszulassen. Mich beschäftigt die Frage, wie wir tatsächlich noch mehr im Modus des Loslassens veränderungsbereit werden, weil wir als Christinnen und Christen in der Nachfolge dessen sind, der am Ende alles losgelassen hat – Jesus, der Gekreuzigte, der der Auferstandene ist. Er spricht zu Petrus: Ein anderer wird dich führen, wohin du nicht willst (vgl. Joh 21,18). Ich bin überzeugt: Dieses Wort Jesu gilt uns allen – gerade heute.

In den vergangenen beiden Jahren habe ich begonnen, mit Leitungsverantwortlichen im Bistum Fulda in einem größeren Prozess darum zu ringen: Wenn an die Kirche in diesem Sinne der Anspruch ergeht, sich in die Nachfolge Jesu zu begeben, nach welchen Prinzipien treffen wir künftig Unterscheidungen und Entscheidungen? Was sind die Kriterien für unsere Schwerpunktsetzungen? Fünf Prinzipien haben wir formuliert und seitdem mehrfach einer kritischen Prüfung unterzogen. Im zweiten bis sechsten Kapitel dieses Buches stelle ich diese fünf Prinzipien vor und erläutere sie über vielfältige Beispiele.

Das Ringen um diese Prinzipien geschieht auch in Auseinandersetzung mit dem Abgründigen, das in der Kirche zutage tritt. Allem voran sind das die verschiedenen Ausprägungen des Missbrauchs. Damit einher geht ein eklatanter Verlust von Glaubwürdigkeit sowie die deutlich nachlassende Bereitschaft, sich im kirchlichen Leben zu engagieren. In den vergangenen fünf Jahren ist in mir die Überzeugung gewachsen, dass es nicht genügt, diese schwierigen Themenfelder als solche zu bearbeiten. Unabdingbar sind einerseits Maßnahmen etwa der Aufarbeitung und der Anerkennung des Leids. Doch andererseits braucht es auch einen Prozess der Aufarbeitung an uns selbst, der Art und Weise, die Wirklichkeiten wahrzunehmen, die Art des Mitfühlens und das daraus resultierende Entscheiden, Handeln und Ausprägen von schützenden Strukturen.

Nach meinen ersten fünf Jahren in Fulda bin ich davon überzeugt: Ja, in unserer Kirche lässt sich das

Tiefgründige finden. Im Leben der Kirche stoßen wir auf das, was unserem Leben Fundament und Orientierung gibt. Ja, es gibt IHN – Gott, der fortgesetzt als Handelnder erfahren werden kann. Die Tiefgründigkeit von Gottes Handeln zeigt sich gerade da, wo wir uns auch dem Abgründigen in der Welt und in der Kirche unserer Tage stellen. Gott spricht zu seinem Volk im Schrei, aber auch im Verstummen der Verletzten an Leib und Seele – und er fordert uns unvertretbar zum Handeln heraus.

In diesem Buch begegnen sich konkrete Menschen mit ihrem gelebten Leben – von vor 3000 Jahren aus der Zeit des Alten Testaments, bis hin zu Erfahrungen, die im August 2023 gemacht wurden. Die damit verbundenen Begegnungen prägen mich und unser kirchliches Leben. Ich bin deshalb sehr dankbar, dass mir die Personen, die hinter den aktuellen Erzählungen stehen, die Erlaubnis gegeben haben, ihre Geschichte in dieses Buch einzubringen. In einigen Fällen haben sie mich unmittelbar unterstützt, die richtigen Worte zu finden – vor allem an den Stellen, die auszudrücken versuchen, was kaum zu beschreiben ist.

Selbsterhaltung oder Hingabe? Bei der Erstellung meiner Doktorarbeit vor vielen Jahren habe ich gelernt, wie wichtig die ehrliche Auseinandersetzung mit der eigenen Motivation ist. Gerade dort, wo wir als Entscheidungsträger oder auch als Gesellschaft insgesamt unter Druck geraten, ist es umso wichtiger, kritisch die eigenen Motive im Blick zu haben: Welche Erfahrungen und welche Visionen prägen mich im Kern? Diesem Themenkomplex gehe ich im Prolog und im ersten Kapitel nach.

Dankbar bin ich den Menschen, mit denen ich seit geraumer Zeit um die Formulierung und die Verlebendigung der fünf Prinzipien der Unterscheidung und Entscheidung ringe. Allen voran sind dies Generalvikar Christof Steinert und sein Stellvertreter, Domkapitular Thomas Renze. Von Anfang an haben sich intensiv in diesen Prozess eingebracht: Sr. Igna Kramp CJ, Gabriele Beck, Stefan Groß und mein persönlicher Referent Peter Zürcher. Sie haben sich zudem auch kritisch-engagiert an der Entstehung dieses Buches beteiligt. Für mich war und ist dies eine in der Tiefe des Wortes synodale Erfahrung. Danken möchte ich auch jenen, die die weiteren Schritte bis zur Veröffentlichung begleitet haben: Martina Gaymann, Stefanie Orth und Claudia Switalla durch ihre kritische Lektüre und Dr. Stephan Weber vom Verlag Herder.

Wer dieses Buch liest und mich als Bischof von Fulda erlebt, wird möglicherweise sehr schnell entdecken, wo ich hinter meinen eigenen Ansprüchen auch zurückbleibe. Auch das gehört zum Ringen inmitten von Abgründigem und Tiefgründigem: das Bruchstückhafte des eigenen Handelns zu erkennen und dies von anderen immer wieder schonungslos gespiegelt zu bekommen. Doch zugleich verbinde ich mit diesem Buch die Hoffnung, dass wir uns vom Erkennen der eigenen Grenzen nicht entmutigen lassen, sondern um Christus und der Menschen willen miteinander um das ringen, was vom Evangelium und von den Zeichen der Zeit her heute von uns gefordert ist.

Prolog: Ein Halleluja in dunklen Zeiten

Zitternd nehme ich das Mobiltelefon in die Hand und wähle die Nummer meiner Schwester. »Papas Gesundheitszustand hat sich rapide verschlechtert!« – Das war ihre Botschaft am Vorabend. Gut zwei Jahre ist es her, dass bei unserem Vater eine Krebserkrankung ausgebrochen ist. Eine Zeit voller Herausforderungen mit vielen Höhen und Tiefen liegt hinter uns. Nachdem meine Schwester mir am Vorabend die Lage geschildert hat, haben wir für den Sonntagmorgen nach der heiligen Messe einen erneuten Kontakt vereinbart.

Nach nur wenigen Klingelzeichen nimmt meine Schwester den Hörer ab. Unvermittelt schildert sie mir die Situation: »Du kommst gerade zum Sterben von Papa dazu. Einen Moment – ich gebe ihn Dir noch mal.« Was dann folgt, ist eines der wohl eindrucksvollsten Telefonate meines Lebens. Am anderen Ende der Leitung höre ich die Stimme meines Vaters – schwächer werdend, aber noch deutlich vernehmbar. Bei dem wenigen, was er mir noch sagen kann, kommt kein Zweifel auf, dass es meinem Vater sehr bewusst ist, in welcher Situation er sich befindet und dass er in diesem Moment Abschied von seinem Sohn nimmt. »Jetzt ist es vollbracht – Halleluja«, beschließt er unser Telefonat. Trotz aller Schwäche klingt das »Halleluja« fast freudig, in jedem Fall aber kraftvoll und zuversichtlich.

Keine 40 Minuten später klingelt erneut das Telefon: »Papa ist jetzt gerade gestorben.«

Wir vereinbaren, dass ich mich sogleich auf den Weg in die Heimat mache. Während ich meine Sachen packe, klingt in mir bei allem Schmerz jenes letzte Halleluja meines Vaters sehr intensiv nach. Mein Eindruck: In diesem Halleluja im Angesicht des Todes kam das große Gottvertrauen zum Klingen, das meinen Vater sein Leben lang geprägt hatte. Sein Lebensweg kannte insbesondere in den letzten Jahrzehnten manch steinige Passage. Mitte der 80er Jahre war unsere Mutter schwer an Rheuma erkrankt. Es folgten unzählige Operationen, Klinikaufenthalte und insbesondere eine ständige Anspannung, welcher Entzündungsschub als nächstes anstehen würde. Wir Kinder haben unsere Eltern sehr bewundert, wie sie diese Herausforderungen annehmen konnten. Dabei hatten wir den Eindruck, sie selbst und damit auch ihre Beziehung waren in dieser Zeit der Bewährung weiter gereift. Schließlich war mein Vater nach dem frühen Tod unserer Mutter mehr als 20 Jahre Witwer. In dieser Lebensphase habe ich nie erlebt, dass er mit seinem Schicksal haderte. So dankbar, wie er auf die gemeinsame Zeit mit unserer Mutter zurückschaute, so entschlossen ging er die neue Lebensphase an. Er brachte sich so gut es ging in unterschiedliche Projekte ein und gestaltete seinen Lebensalltag.

Gut eine Stunde nach Erhalt der Todesnachricht lenke ich mein vollbepacktes Auto auf die Autobahn. Die ersten 100 Kilometer nach Süden bis Hanau führen durch das Bistum Fulda. Auch an diesem Sonntag mache ich die kleine Übung, die ich gerne praktiziere, wenn ich mit dem Auto oder mit der Bahn durch das Bistum fahre. Dabei vergegenwärtige ich mir, durch welche Pfarrei ich gerade fahre, und versuche, mich in einem kurzen Stoßgebet mit den Menschen dort zu verbinden. Jetzt, um diese Uhrzeit, werden in etlichen Pfarrkirchen gerade die Sonntagsgottesdienste gefeiert. Unwillkürlich geht mir durch den Kopf: »Heute weißt du sogar, was die Pfarrer predigen – nämlich dein eigenes bischöfliches Hirtenwort.« Traditionell wird im Bistum Fulda – wie in vielen Bistümern – am Ersten Fastensonntag ein Predigttext verlesen, den der Bischof verfasst hat.

Impulsgeber für mein Hirtenwort ist in jenem Jahr das Jubiläum der Michaelskirche. Die bedeutende Rundkirche unweit des Fuldaer Doms wurde im Jahr 822 eingeweiht. Dieses älteste Kirchengebäude des Bistums Fulda ist für mich zu einem Sinnbild für unsere Kirche geworden. Es wurde in den vergangenen 1200 Jahren mehrfach zerstört. Der Wiederaufbau geschah zwar so, dass der ursprüngliche Plan erkennbar blieb. Jedoch handelte es sich in der Regel nie um eine exakte Rekonstruktion. Immer wieder wurden zeitgenössische Elemente mit aufgenommen. Doch bei allen Erschütterungen ist ein bestimmter Teil der Kirche tatsächlich seit 1200 Jahren unverändert geblieben: Die Krypta mit ihrer eindrucksvoll archaisch wirkenden Säule unterhalb der Rotunde hat alle Zerstörungen unbeschadet überstanden. Sie ist weiter das Fundament für die Kirche geblieben.

Bei meiner Fahrt nach Süden schießt mir durch den Kopf: »Diese Krypta erzählt auch etwas von deinem Vater.« Erschütterungen hat mein Vater viele erlebt, angefangen von der Kindheit und Jugend im Zweiten Weltkrieg. Aber – und das haben gerade die letzten Wochen seines Lebens sehr eindrücklich gezeigt – in seinem Leben, auf dem Grund seiner Seele, muss es so einen Ort wie jene Krypta in der Michaelskirche gegeben haben. Die Art und Weise, wie er gerade in Krisenmomenten reagiert hat, zeigte deutlich: Da gibt es ein festes Fundament, das trägt und Orientierung gibt angesichts zahlreicher Erschütterungen.

Auf der Fahrt kommt mir jene Situation in den Sinn, die mir meine Schwester kurz zuvor geschildert hat. Gut drei Wochen vor dem Tod war der Moment gekommen, dass der behandelnde Arzt meinem Vater eröffnete, dass nun wohl eine sehr späte und womöglich letzte Phase der Krankheit angebrochen sei. Mein Vater hat darauf mit einer ungewöhnlichen Gelassenheit reagiert. Er, der sehr gerne gelebt hat, der sich auch bei fortschreitender Krankheit und damit verbundenen Einschränkungen an vielen kleinen Dingen des Lebens erfreuen konnte, er reagierte auf diese Nachricht mit einer bewussten Annahme dessen, was ihm bevorstand, und zugleich voller Zuversicht. Diese Haltung zeigte sich auch in den folgenden Wochen – bis hin zu seinem Halleluja am Telefon.

Auf der gut dreistündigen Fahrt zu meinem toten Vater fügen sich in mir mehrere Erfahrungslinien und Gedankengänge zusammen. Ich komme zu der Überzeugung, in meiner Biografie auf etwas gestoßen zu sein, was zum integralen Auftrag der Kirche gehört. Mein Leben ist geprägt von Menschen, angefangen bei meinen Eltern, die manch existenzielle Erschütterung erlebt haben und die zugleich erleben durften: Da gibt es – bildlich ausgedrückt – eine Krypta, ein Fundament, einen Raum des Heiligen. Dieser Raum trägt gerade auch in Situationen, die mit Grenzerfahrungen verbunden sind. Diese Erschütterungen hinterlassen deutliche Spuren. So waren meine Eltern im Laufe der Jahre mehr und mehr von ihrer jeweiligen Krankheit gezeichnet. Und doch – was da geworden ist, war zugleich Ergebnis eines neuen Prozesses des Wachsens und des Reifens. Darin zeigt sich verborgen die Bedeutung einer solchen »Krypta«.

Schauen wir auf die ersten Jahre der Kirche. Die Apostelgeschichte zeichnet uns wesentliche Linien. Wir stoßen auf Menschen, in denen sich eine solche »Krypta« geformt hat: Maria, die Mutter Jesu, Maria von Magdala, Petrus, Paulus, Stephanus und viele andere. Sie werden vor große Herausforderungen gestellt. Und doch – sie wachsen an diesen Herausforderungen, werden mehr und mehr sie selbst. Sie werden mehr und mehr diejenigen, die das Evangelium verkünden und es vor allem mit der Art und Weise bezeugen, *wie* sie leben.

In der Schilderung der Mutter Jesu zeigt sich das für mich besonders deutlich. Die »Ankündigung der Geburt Jesu« (vgl. Lk 1,26–38) enthält aus meiner

Sicht wesentliche Elemente einer solchen Krypta-Erfahrung. Es geht um ein existenzielles, lebensprägendes Ereignis. Maria soll Mutter werden, ohne ganz zu begreifen, wie das in diesem Falle zu verstehen ist. Zugleich ist sie in diesem Vorgang als nachdenkende und kritisch nachfragende Person ernst genommen. Schließlich geht es um ihre freie Zustimmung. Eine Krypta-Erfahrung ist eben nicht eine »einfach nur schöne« Erfahrung, sondern kann sehr wohl mit existenziellen Herausforderungen verbunden sein. In jedem Fall ist sie aber eine Erfahrung, als Subjekt ernst genommen zu sein. Sie ist zugleich eine Erfahrung der Fülle, des Beschenktwerdens, wie es in dem Wort des Engels zum Ausdruck kommt, Maria habe bei Gott Gnade gefunden.

An diese Krypta-Erfahrung kann Maria später in weiteren existenziell herausfordernden Situationen anknüpfen. Die Geburt Jesu und später die Suche des Zwölfjährigen im Tempel werden von Maria nicht nur einfach »irgendwie durchgestanden«. In beiden Fällen heißt es, Maria habe das, was sie erlebt und vor allem, was sie gehört hat, in ihrem Herzen erwogen. Es zeigt sich hier die Fähigkeit, ein herausforderndes Erlebnis schließlich zu einem wertvollen und prägenden Erfahrungsschatz werden zu lassen.

Auch wenn der historische Kern der Kindheitsgeschichten Jesu immer wieder wissenschaftlich angefragt wird, so zeigt sich meines Erachtens in den Schilderungen der Evangelien ein Charakterzug, den die Christinnen und Christen der ersten Jahrzehnte zu Lebzeiten Marias bei ihr wahrgenommen haben. Bei der

Hochzeit zu Kana (Joh 2,1–11) wird dies sehr deutlich. Im Raum ist eine große Spannung. Der Wein ist ausgegangen. Maria selbst erlebt in der unvermittelten Reaktion Jesu auf ihren Hinweis eine weitere und sehr persönliche Spannung. »Was willst du von mir, Frau? Meine Stunde ist noch nicht gekommen.« (Joh 2,4) Doch Maria handelt bei all dem aus einer inneren Ruhe und Gelassenheit, die ausstrahlt und überzeugt. Mit ihrem Hinweis an die Diener eröffnet sie die entscheidende Perspektive. Maria wird später in der kirchlichen Tradition als »Mutter und Urbild der Kirche« bezeichnet. Ich frage mich, ob der Autor des Johannesevangeliums hier bei der Schilderung Marias nicht einen Charakterzug darstellt, der nicht nur auf die Mutter Jesu zutrifft, sondern auch auf viele der ersten Christinnen und Christen, und ob genau das die Zeitgenossen so fasziniert hat.

Auch in der neueren Forschung wird weiterhin der Frage nachgegangen, weshalb trotz aller Verfolgung das Christentum in der Antike als eine attraktive Alternative zu den bestehenden Religionen erfahren wurde. Zentral ist dabei die These von der »Präzisierung des Monotheismus« (Paul Veyne): Die Götter des Olymp werden so geschildert, dass sie oft mit sich selbst und ihren Machtspielen beschäftigt sind. Demgegenüber ist der Gott Israels und der Gott Jesu Christi einer, der sich den Menschen und dem einzelnen Menschen in Liebe zuwendet. Die Faszination der Zeitgenossen wurde jedoch nicht nur durch eine explizite Verkündigung der ersten Christinnen und Christen angeregt. Vielmehr haben die Zeitgenossen erlebt: In ihnen begegnen uns Menschen, die bei allen eigenen Herausforderungen eine große innere Freiheit gefunden haben, mit der sie sich uns in Liebe zuwenden können.

Gerade aus diesem Grund bin ich überzeugt: Heute gehört es zutiefst zum Auftrag der Kirche, Menschen so zu begleiten und zu fördern, dass sie einen Zugang finden zur »Krypta ihres Lebens«. Das ist ein Prozess, der sich nicht planen lässt. Er ist mitbestimmt von vielen äußeren Faktoren. In diesem Sinne braucht es vor allem eine Aufmerksamkeit dafür, welche günstigen, äußeren Rahmenbedingungen sich dafür gestalten lassen. Vor allem aber setzt der Prozess den unbedingten Respekt vor der Freiheit der jeweiligen Person voraus. Noch deutlicher ausgedrückt: Das Entdecken der eigenen »Krypta« soll die innere Freiheit der Person entscheidend stärken.

Neben der tragenden Tiefe hat die Krypta der Fuldaer Michaelskirche noch eine weitere Dimension. Der Raum findet seine Mitte in einer archaisch-gedrungen wirkenden Säule. Gerne wird sie als Symbol für Jesus Christus gedeutet. In ihm – Christus – findet meine »Krypta« eine Mitte. Das ist das Zeugnis der ersten Christinnen und Christen und später unzähliger weiterer Frauen und Männer, bis hin zu meinen Eltern.

Die Zeiten scheinen alles andere als günstig zu sein, dass die Kirche diesem Auftrag gerecht werden kann. Wenige Wochen vor dem Tod meines Vaters sind die Gutachten zum Ausmaß sexualisierter Gewalt der Erzbistümer Köln und München-Freising erschienen. Wenige Tage vor dem Ersten Fastensonntag haben russische Truppen die Ukraine überfallen. Wie kann ein Zeugnis glaubwürdig sein, wenn kirchliche Amtsträger Schutzbefohlenen unsägliches Leid zugefügt haben und Christen gegeneinander Krieg führen? Kann in einer solchen Situation eine Krypta-Erfahrung möglich sein?

Der Blick auf die »Krypta« meiner Eltern ermutigt mich. Ihre »Krypta« wurde wesentlich in sehr dunklen Stunden ihres Lebens geprägt. Das waren Erfahrungen während des Zweiten Weltkrieges, aber auch manche für sie sehr irritierende Erfahrungen mit der Kirche, insbesondere in den 50er und frühen 60er Jahren. Mit meinem Vater konnte ich darüber wenige Wochen vor seinem Tod noch ausführlich sprechen. Zugleich war im Leben und im Wirken meiner Eltern aber auch erfahrbar, welches Potential in unserer Kirche liegt, um in ihrer Mitte Menschen solche Krypta-Erfahrungen zu ermöglichen.

Bei all dem, was wir in unserer Kirche in diesen Jahren an Furchtbarem wahrnehmen müssen, entdecke ich zugleich auch die anderen Momente. Auch heute wachsen und reifen im Beziehungsgefüge der Kirche Menschen zu Persönlichkeiten mit einer großen inneren Kraft und inneren Freiheit. Solche Persönlichkeiten braucht unsere Welt jetzt. Polarisierungen nehmen zu. Die komplexen Zusammenhänge zwischen Klimawandel, Migration, globalpolitischen Eruptionen und etlichen weiteren Faktoren werden von vielen Menschen als Überforderung erlebt. Gerade deshalb braucht unsere Gesellschaft heute Menschen, die in der Lage sind, Komplexität auszuhalten. Es gilt, der Versuchung einer unangemessenen Vereinfachung zu widerstehen. Vermeintlich »einfache Antworten« müssen als ungenügend und in nicht wenigen Fällen sogar als gefährlich identifiziert werden. Unsere Gesellschaft ist – hierzulande wie global – auf Menschen angewiesen, die im klaren Bewusstsein aller Komplexität schöpferisch-konstruktiv nach Wegen suchen und die in der Lage sind, daraus resultierende Spannungen auszuhalten.

Mit dem Potential, das der christliche Glaube in den vergangenen 2000 Jahren immer wieder beim Reifeprozess solcher Persönlichkeiten gezeigt hat, darf die Menschheit auch heute viel von der Kirche erwarten. Zugleich stehen wir als Kirche vor einer mehrfachen Herausforderung: Aufgetragen ist uns die Sorge um die Verletzungen, die Menschen durch Verantwortliche in der Kirche zugefügt wurden. Bildlich gesprochen müssen wir uns insbesondere mit dem »Schutt« beschäftigen, der durch zerstörerisches Verhalten entstanden ist und sich mit seinem Staub derzeit auf alles zu legen scheint, was kirchliches Leben kennzeichnet. Geschieht dies nicht, geschehen aufgrund des »Schutts« neue Verletzungen. Es gab Zeiten, da war es in der Michaelskirche gerade der Schutt, der den Zugang zur Krypta verunmöglichte. Ohne die Auseinandersetzung mit dem Schutt wäre der Gang in die Krypta nicht mehr möglich gewesen. Auf der Fahrt zu meinem toten Vater wächst in mir die Ahnung, dass die Sorge um Verletzungen und Verletzte einerseits und die Sorge um jenes Wachstum andererseits nicht einfach nebeneinander passieren können, sondern viel miteinander zu tun haben.

1. Kirche auf Wüstenwegen: Das Beispiel Algerien

Wenige Monate nach dem Tod meines Vaters ereilt mich ein positiver Corona-Test. Die folgenden zehn Tage Quarantäne erlebe ich als »milden Verlauf«. Unter anderem bleibt mir Zeit für das, was viele in einer solchen Situation tun: Ich räume auf. Schlussendlich durchforste ich auch meine Bücherregale. Was kann ich verschenken, was kann weg und was könnte künftig von Bedeutung sein? Dabei fällt mir ein Buch in die Hände, das ich bis dato noch nicht gelesen hatte. »Die Wüste ist meine Kathedrale« lautet der Titel des Werkes, das Claude Rault erstmals 2008 veröffentlicht hatte. Rault lebte zu diesem Zeitpunkt seit gut fünf Jahrzehnten in Algerien als sogenannter »Weißer Vater«, das heißt als Priester eines Ordens, der vorwiegend in Afrika engagiert ist. Zum Zeitpunkt, als das Buch entstand, war er bereits vier Jahre Bischof der Diözese Laghouat. Dieses Bistum, das den Bereich südlich des Altasgebirges und damit den größten Teil des algerischen Staatsgebietes umfasst, hat eine Ausdehnung von über 2 Millionen km². Die Zahl der Katholiken ist mit kaum 2000 Gläubigen dagegen verschwindend gering und macht nur 0,04 Prozent der Bevölkerung aus. Bei einem Großteil dieser Gläubigen handelt es sich um Migrantinnen und Migranten aus Ländern südlich der Sahara oder um ausländische Mitarbeitende diverser Ölfelder.

Mein Interesse ist geweckt. Sich quarantänebe-
dingt eingesperrt durch ein Buch in eine exotische
Wüstenlandschaft entführen zu lassen, hat durchaus
einen Reiz. Viele Erinnerungen werden wach an meine
Aufenthalte in Jordanien. Die hochsommerlichen Temperaturen in der Wohnung leisten ihren eigenen Beitrag dazu.

Doch mehr und mehr stellt sich mir beim Lesen ein
ganz anderer Interessensschwerpunkt ein. Rein äußerlich betrachtet ist das Bistum des in Algerien lebenden
Mitbruders in einer völlig anderen Situation als das Bistum Fulda. Und doch – gibt es da auf den zweiten Blick
nicht mehr Parallelen, als man zunächst vermuten
kann? Die Kirche im heutigen Algerien kann auf eine
bewegte Vergangenheit zurückschauen. Augustinus
von Hippo schuf im vierten Jahrhundert ein theologi-
sches Werk von bleibender Bedeutung und gab als Bischof wichtige Impulse. Durch die Völkerwanderung
und die sich anschließende Ausbreitung des Islams
kam es zu einem fast völligen Verschwinden des Christentums. 1830 wurde Algerien von Frankreich erobert
und zur französischen Kolonie. Die Kirche kam mit
den Eroberern erneut ins Land. In den Jahren vor der
Unabhängigkeit Algeriens waren gut 930.000 Katholiken im Land. Doch fast alle hatten französische Wurzeln. Katholiken und Muslime lebten nebeneinander-
her. Pierre Claverie, der spätere Bischof von Oran,
bezeichnete seine Schulzeit im Algerien der 1940er Jahre einmal als »koloniale Seifenblase«. Nach der blutig
errungenen Unabhängigkeit kam es zum Exodus. Keine

3000 Katholiken blieben am Ende des 20. Jahrhunderts in Algerien übrig.

Ist das, was ich da lese, wirklich nur fremd und exotisch? Ich lese von einer Kirche, die einstmals durch bedeutende Theologen und Bischöfe wie Augustinus von Hippo kulturprägend war, die im Lauf weniger Jahrzehnte zur verschwindenden Minderheit wurde und der der Geruch anhaftete, die Konfession gerade derjenigen gewesen zu sein, die ihre Macht als Kolonialherren skrupellos missbraucht hatten. Keine Frage, wir leben als Kirche in Deutschland in einem anderen kulturellen und geschichtlichen Kontext. Doch in dem, was der algerische Mitbruder schildert, entdecke ich einige Parallelen. Claude Rault erlebte in seiner Biografie diesen dramatischen Wandel des kirchlichen Lebens seit der Unabhängigkeit sehr intensiv. Zunächst war er noch Lehrer in einer Bildungseinrichtung seines Ordens. Nach einer Verstaatlichungswelle, die auch seine Schule betraf, arbeitete er als Lehrer mit Zeitvertrag an einer staatlichen Schule. Später, nach einem Auslandsaufenthalt, hatte er Mühe, in Algerien zumindest als Aushilfslehrer eine Stelle zu bekommen. 2004 wurde er schließlich Bischof von Laghouat.

Die Schilderungen von Claude Rault lassen erahnen, welche sehr schmerzvollen persönlichen Erfahrungen hinter diesen Vorgängen stehen. Mancher mag geklagt haben: »Da haben wir uns in diesem erst vor kurzem gegründeten Staat so intensiv für Bildung und damit für die Zukunft des Landes eingesetzt – und jetzt werden wir so behandelt. Zählt das nichts, was wir eingebracht haben? Sieht niemand, was wir da geleistet haben?« Diese Fragen stehen so nicht im Buch des Bischofs im fernen Algerien. Doch ich bin sicher, dass ich sie mir in dieser Situation gestellt hätte. Hier werden Erfahrungen geschildert, die das Potential haben für persönliche Kränkungen. Mir jedenfalls begegnen solche Reaktionen angesichts der vielen schmerzlichen Prozesse in der Kirche immer wieder.

Wie reagiert eine Kirche, die derart in die Defensive gedrängt wird? Ich habe über das hinaus, was durch einschlägige Medien zugänglich ist, so gut wie keinen Einblick in das Leben der katholischen Kirche in Algerien. Es wäre eine menschlich nachvollziehbare Reaktion, wenn sich die Kirche der in Algerien zurückgebliebenen Christen in dieser Situation in eine Art innere Emigration begeben hätte. Verbitterung, stummer Protest, eine klare Unterscheidung in »Ihr da draußen – Wir da drinnen« könnte sich leicht einstellen. Oder auch: »Jetzt ist die Zeit, um klare Kante und klares Profil zu zeigen. Wem das gefällt, der ist herzlich willkommen. Alle anderen mögen sehen, wo sie bleiben.« Immer wieder begegnen mir, jedenfalls in der kirchlichen Situation hierzulande, solche Reaktionen. Ist das nicht zutiefst verständlich?

Bischof Rault zeichnet eine andere Entwicklung der Kirche Algeriens in den Jahrzehnten nach der Unabhängigkeit. Der radikale Verlust von gesellschaftlicher Macht und von zur Verfügung stehenden Mitteln geht einher mit einer wachsenden Zahl von eindrucksvollen

Begegnungen und Freundschaften zwischen Christen und Muslimen. Dabei wird nicht der Eindruck erweckt, als ob sich die Christen allmählich einfach an ihre Umgebung assimilieren. Vielmehr entdecken sie die neu gewonnenen Beziehungen und Freundschaften als echten Schatz für ihr eigenes Leben, gerade auch für ihren Christus-Glauben. Sie entdeckten durch diese Verbundenheit neu ihren gemeinsamen Auftrag in der Welt.

Schließlich formulierten die Bischöfe im Maghreb 1979 in einem gemeinsamen Dokument: »Jeder Mensch, ob Christ oder Nichtchrist, ist vom Geist Gottes dazu berufen, während seines irdischen Lebens seinen Beitrag zu diesem gemeinsamen Bauwerk zu leisten. In der Begegnung miteinander müssen Christen und Nichtchristen sich gegenseitig helfen, ihrer grundlegenden Berufung gerecht zu werden, damit jeder seiner eigenen Berufung gemäß zum Wachstum der Individuen, der Gesellschaft und über die Jahrhunderte hinweg schließlich der ganzen Menschheit mit beitragen kann.«

»Wachstum der Individuen, der Gesellschaft« – da finde ich ihn wieder, den Hinweis auf die Sorge um das, was ich im Umfeld des Todes meines Vaters als »Krypta« bezeichnet habe. Eine Kirche, die sich gemessen an vielen Faktoren äußerlich radikal auf dem Rückzug erlebt, erkennt neu eine wesentliche Dimension ihrer Berufung. Was mich bewegt: Sie erkennt diese Berufung tiefer durch den Austausch, die intensive Beziehung zu jenen, die ihren Glauben nicht teilen und ihn – zumindest nach menschlichem Ermessen – niemals teilen werden.

Nach 1988 erlitten Christen wie Muslime in Algerien eine Phase ungeheurer Spannungen voller Gewalt. Islamisten kämpften gegen Regierungstruppen. Neben Muslimen wurden auch viele Christen Opfer islamistischer Anschläge. Sehr bekannt wurde durch den Film »Von Menschen und Göttern« das Zeugnis der Trappisten des kleinen Klosters im Atlasgebirge von Tibhirine. Auf bis heute nicht geklärte Weise wurden fast alle Mitglieder der Gemeinschaft im März 1996 entführt und zusammen mit ihrem Prior Christian de Chergé ermordet. Wenige Monate später wurde auch Bischof Pierre Claverie in seiner Bischofsstadt Oran durch eine Bombe getötet.

Nach den Schilderungen von Bischof Rault sowie den Aufzeichnungen von Prior Christian aus Tibhirine wurde in dieser Phase der existenziellen Bedrohung der Kontakt mit muslimischen Mitbewohnern noch intensiver. Anfang der 80er Jahre waren Claude Rault und Christian de Chergé daran beteiligt, mit islamischen Sufis einen regelmäßigen Austausch einzurichten. Die Initiative dazu war von den Sufis ausgegangen. Bis zum gewaltsamen Tod der Mönche von Tibhirine wuchs hier eine Verbundenheit, bei der der Name das Programm anzeigte: Ribat es-Salam – Band des Friedens.

Diese Spur lässt sich auch über die Phase der Gewalt hinaus weiterverfolgen. Bei einer überdiözesanen Versammlung von Laien, Ordensleuten, Priestern und Bischöfen im September 2004 findet sich in der Abschlusserklärung folgende Passage: »Jeder von uns, ob Bischof, Priester, Ordensfrau, Ordensmann oder Laie, muss bereit sein, sich von dem Geist aufrütteln zu lassen, der »weht wo er will, du hörst sein Brausen, weißt aber nicht, woher er kommt und wohin er geht« (Joh 3,8). Insbesondere für die ständigen Mitarbeiter bedeutet das konkret, dass sie die eigene Furcht überwinden müssen, sich auf eine neue Dynamik einzulassen und dass sie Veränderungen bei ihren Orientierungen und Aufgaben und selbst bei den Einsatzorten akzeptieren müssen. Für manche werden diese Veränderungen schmerzhaft sein, doch dies gehört mit zum Mysterium von Tod und Auferstehung, dessen Zeugen wir sind.« Bischof Rault kommentiert dazu: »Die Kirche erscheint immer dort am meisten mit Christus gleichförmig, wo sie sich, um mit Pierre Claverie zu sprechen, an den »Bruchstellen« der Menschlichkeit präsent zeigt. Und zwar nicht nur an den Stellen, wo es gilt, zu geben, zu dienen, Wunden zu verbinden oder die vielen Hungernden zu speisen, sondern auch dort, wo nichts anderes zu tun bleibt, als einfach da zu sein, Hoffnung zu wecken, Tränen zu trocknen, Lebenskräfte zu stärken, Freundschaft und Gottes allumfassende Liebe zur ganzen Menschheit zu teilen.«

Prior Christian lebte diese Haltung in einer großen Radikalität. Die rivalisierenden und für das Kloster existenziell bedrohlichen, bewaffneten Einheiten nennt er »Brüder der Berge« und »Brüder der Ebene« und begegnet ihnen in einer für ihn lebensgefährlichen Situation auch so. In der Ahnung, eines gewaltsamen Todes zu sterben, bezeichnet er in seinem Testament seinen potentiellen Mörder als »Freund der letzten Minute«.

Mich bewegt dieses Zeugnis sehr: Angesichts eines gewaltigen Drucks von außen, angesichts des Ballastes der eigenen Geschichte zeigt sich hier eine Kirche, die wächst. Sie wächst nicht in die Breite. Sie hat so gut wie keinen Erfolg darin, neue Mitglieder zu werben. Die einzigen, die hinzukommen, sind Geflüchtete aus Ländern weiter südlich oder Wanderarbeiter. Ansonsten ist die Mitgliederzahl dieser Kirche weiterhin sehr gering und tendenziell abnehmend. Doch wird hier eine Kirche geschildert, die in die Tiefe wächst. Sie erkennt ihre Sendung tiefer und versucht diese ganz aus der Beziehung zu Jesus Christus zu begreifen. Zugleich wächst diese Kirche in die Weite. Sie ist geprägt von tiefen Freundschaften zu jenen, die so anders sind.

Oft erlebe ich – gerade auch in der Kirche – die Versuchung, zwischen »uns« und »denen« zu unterscheiden. In den Schilderungen dieser algerischen Christen begegnet mir ein Bewusstsein, dass das, was verbindet, stärker wiegt als das, was unterscheidet. Ja, es gibt die Unterschiede bezüglich der weltanschaulichen Herkunft und in manchen Ausprägungen von Überzeugung und Lebensstil. Aber: Kann und will ich zwischen mir und meinem Gegenüber das Verbindende erkennen, unsere Sehnsucht nach erfülltem Leben, nach Gerechtigkeit und nach Frieden? Mich berührt es, wenn Menschen, die ohne Bezug zur Kirche sind, Werte leben, die uns vom Evangelium her aufgetragen sind: verbindliche, gemeinschaftliche Lebensformen, bei denen gerade die Schwächeren ihren Platz finden oder ein konsequenter Lebensstil, der sich an der Bewahrung der Schöpfung ausrichtet. Ich bin überzeugt, diese Menschen haben eine Botschaft für uns. So jedenfalls deutet es an prominenten Stellen die Bibel. Gottes Volk erfährt nach biblischem Zeugnis wesentliche Impulse von Menschen, die – zumindest vordergründig – ganz anders unterwegs sind. Jitro, der midianitische Schwiegervater des Mose, hilft diesem, eine Struktur bei der Bearbeitung auftretender Rechtsstreitigkeiten zu finden. Bileam, der fremde Seher, segnet das Volk und schenkt ihm damit eine Verheißung. Rahab, die Prostituierte aus Jericho, erweist sich als Türöffnerin. Später wird es Kyros, der fremde Herrscher, sein, der der Elite des Volkes die Rückkehr aus Babylon und die Wiedererrichtung des Tempels ermöglicht.

Die Mentalität jener Christen in Algerien scheint daran anzuknüpfen. Hier zeigt sich Wachstum, jedoch nicht in vordergründigen Erfolgsgeschichten. Hier begegnet mir vielmehr eine Kirche, die am Ringen ist, die ihr bisweilen sehr schweres Erbe angenommen hat. Es ist eine Kirche, bei der Wachstum in die Tiefe und in die Weite sich wechselseitig bedingen und befruchten.

Davon ausgehend nehme ich die Frage mit: Wie kommen wir auch hierzulande in den Modus eines solchen Wachstums? Wie kommen wir in einen Modus, der den Schutt und den Ballast, der zu uns als Kirche gehört, nicht ausblendet, sondern als Teil der kirchlichen Realität annimmt, die es zu gestalten gilt? Ich bin überzeugt, dass es etwas damit zu tun hat, ob wir einen Zugang zu dem finden, was ich in meinem Hirtenwort von 2022 als »Krypta« bezeichnet habe, auch ob wir einen existenziell-freundschaftlichen Zugang zu Menschen finden, die so anders sind als wir und die es – nach menschlichem Ermessen – auch bleiben.

Einen solchen Vorgang kann man nicht machen. Vermutlich ist das eine der entscheidenden Lektionen unserer gegenwärtigen Krise, dass wir lernen, das Entscheidende nicht selbst »machen« zu können. Gott selbst lässt wachsen! Diese Botschaft begegnet uns an vielen Stellen in der Bibel. Aber: Wachstum lebt davon, dass ein entsprechender Raum vorhanden ist, ein entsprechendes Klima erfahrbar ist. Dafür können wir einiges tun. Dies fordert Entscheidungen von denen, die auf unterschiedlichen Ebenen Verantwortung tragen. Bisweilen werden dies Entscheidungen sein, die sehr schmerzhaft sind für jene, die es betrifft, und für jene, die für die einmal getroffene Entscheidung einstehen müssen. Doch gerade in der Spannung, die dabei entsteht, kann ein Impuls zum Wachstum liegen – persönlich wie gemeinschaftlich.

In den Monaten nach dem Tod meines Vaters gehe ich mit Leitungsverantwortlichen im Bistum Fulda in einen intensiven Arbeitsprozess. Zuerst sind wir nur wenige. Mit der Zeit holen wir von immer mehr Verantwortlichen und in unseren diözesanen Gremien Resonanzen und weitere Impulse ein. Leitend ist für uns die Frage: Wie entsteht ein solcher Raum, in dem Menschen und Gemeinschaften wachsen in ihrer Beziehung zu Jesus Christus (Tiefe) und zugleich in der Fähigkeit, Verantwortung für ihr Leben sowie in Kirche und Gesellschaft (Weite) zu übernehmen? Wie wächst damit einhergehend und angesichts der Vielfalt unserer Gesellschaft eine Verantwortung füreinander, ein Interesse, eine wechselseitige Neugier und die Ahnung, jene, die mir so fremd erscheinen, könnten eine wichtige Botschaft für mich und für uns haben? Fünf Prinzipien der Unterscheidung und der Entscheidung haben wir in diesem Prozess formuliert.

Hinter den Formulierungen unserer Prinzipien stehen Erfahrungen, die wir je persönlich gemacht haben. In meinem Fall sind es Schlüsselerfahrungen aus den jetzt mehr als vier Jahren als Bischof von Fulda beziehungsweise aus den Jahren zuvor als Weihbischof in meinem Heimatbistum Freiburg. Trotz oder besser gerade angesichts aller Problematik erzählen sie mir von Wachstumsvorgängen.

Über die Formulierung von Prinzipien kann man streiten. Das können wir in der Kirche ziemlich gut. Wie oft haben wir bei solchen Prozessen schon um Texte gerungen, die nachher in den Aktenschränken verschwunden sind und de facto keinen nennenswerten Einfluss auf die weitere Entwicklung hatten. Sehr viel produktiver ist es, an einem gewissen Punkt die Diskussionen um Formulierungen sein zu lassen, um vielmehr zu fragen: Welche Erfahrung führt dich in eine größere Tiefe und Weite? Welche Erfahrung erschließt dir tiefer das Geheimnis deines Lebens, das Geheimnis der Schöpfung und das Geheimnis Gottes? Davon ausgehend können wir dann gemeinsam fragen: Was ist die Grundlage, damit hier Wachstum möglich ist? Lässt sich davon ein Prinzip ableiten, das auch für andere Kontexte anwendbar ist, um dort Wachstum zu ermöglichen? Wachstum kann man nicht kopieren. Geschichte wiederholt sich nicht und die Wachstumsbedingungen sind je nach Ort und Personenkonstellation sehr verschieden. Anstelle des *Kopierens* geht es darum zu *kapieren* und tiefer zu verstehen: Welche Strukturen, welche Kultur und welche innere Haltung zeigen sich hier, die wachstumsfördernd sind? Das meine ich mit »Prinzipien«.

Die folgenden fünf Kapitel gehen einen narrativen Weg. So sind wir bisher vorgegangen, wenn wir die Prinzipien vorgestellt und in diözesanen Gremien und weiteren Gruppen diskutiert haben. Die Präsentation der Prinzipien haben wir eingebunden in Geschichten. Dabei handelt es sich um konkrete, persönliche Erfahrungen, die uns zu grundlegenden Einsichten geführt haben. Diese Geschichten dahinter gehören bei der Arbeit mit den fünf Prinzipien dazu. Das ist gut biblisch. Wesentliche Aussagen der Heiligen Schrift sind mit Geschichte und Geschichten verknüpft. Das sind keine »Geschichtchen«, sondern dahinter verbergen sich Erfahrungen, die Menschen gemacht haben. Oft sind es Erfahrungen, in denen Menschen mit großen Herausforderungen konfrontiert waren, letztlich aber daran gewachsen sind. Ihre Persönlichkeit, ihre Beziehungen und ihr Glaube sind gereift. Gerade in Krisenzeiten wurden solche Geschichten gesammelt und verschriftlicht. Sie gaben den Menschen damals und sie geben uns heute Antworten auf die bleibend großen Fragen: Was ist der Mensch und wer ist Gott? Damit geben sie uns wichtige Hinweise, in welcher Haltung und in welcher Kultur des Miteinanders ein Weg in die Zukunft gelingen kann.

Die Heilige Schrift ist für das Volk Gottes bleibende Weisung. Wir glauben, dass sich uns in der Schrift das Wort Gottes und sein Wirken zeigen. Was eine der grundlegenden Botschaften der Heiligen Schrift ist, gilt auch für uns: Gott handelt im Hier und Heute und ganz konkret. Der Inhalt der Schrift, vermittelt durch die Tradition der Kirche, gibt uns Kriterien an die Hand zu unterscheiden, wes Geistes Kind das ist, was wir in dieser Welt als wirksam erfahren. Die Art, wie die Schrift aus den Erfahrungen der Menschen entstanden ist, kann uns aufzeigen, wie wir heute mit unseren Erfahrungen umgehen können, welches zukunftsweisende Potential sich daraus ergeben kann, quasi als Konkretisierung und Verlebendigung der großen Geschichte Gottes mit uns Menschen, wie sie sich in der Bibel zeigt.

Die kommenden Kapitel stellen je eines der erwähnten Prinzipien in den Mittelpunkt. Die Texte sind eine Anregung, persönlich und gemeinschaftlich der Frage nachzugehen: Was lässt mich, was lässt uns wachsen – in die Tiefe und in die Weite? »Zusammen wachsen« fand ich bei meinem Amtsantritt im Bistum Fulda 2019 als Motto des Bistumsprozesses vor. »Zusammen wachsen« – das ist mehr als nur eine mehrdeutig-metaphorische Überschrift. Es ist ein Vorgang, der uns existenziell einfordert und uns in Tiefen und Weiten führt, die bisweilen beängstigend sind und jenseits unserer Planungen liegen. Doch über allem steht SEINE Verheißung – und das seit Anbeginn der Schöpfung.

2. Persönlichkeitsentwicklung auf dem Glaubensweg mit Jesus Christus

Am frühen Morgen des 8. Dezember 2018 verfasse ich handschriftlich und in zweifacher Ausfertigung einen Brief. Es sind nur wenige Zeilen, und doch hat dieser Brief Konsequenzen für meinen weiteren Lebensweg. Völlig überraschend hat mich zuvor die Nachricht erreicht, dass das Fuldaer Domkapitel mich gemäß den Bestimmungen des Konkordats zum neuen Bischof gewählt hat. Die Nachricht traf mich unerwartet und ich musste mich entscheiden. Schließlich habe ich zugesagt und nun muss ich meine Zusage auch schriftlich dokumentieren. Dem dient dieser Brief.

Für mich hat der 8. Dezember seit vielen Jahren eine besondere Bedeutung. Im liturgischen Kalender der Kirche ist dieses Datum ein großes Marienfest. 1965 ist an diesem Tag das Zweite Vatikanische Konzil zu Ende gegangen. In meiner Priestergemeinschaft hatte ich für einige Jahre die Verantwortung für ein Projekt, das auf jenen 8. Dezember 1965 zurückgeht und sich als Ausdruck einer inneren Verpflichtung versteht, die Kirche im Sinne der Weichenstellungen des Konzils zu gestalten. Die damit verbundenen inneren Prozesse prägen mich bis heute.

Auch der 8. Dezember 2018 ist für mich bereits in den Wochen zuvor ein wichtiges Datum. Lange bevor ich das Buch von Bischof Claude Rault in die Hände bekam, hat mich die Geschichte der Mönche von Tibhirine, jenem Kloster von Trappisten in Algerien, berührt. An dem Morgen, an dem ich meinen Brief schreibe, findet zeitgleich die Seligsprechung von insgesamt 19 gewaltsam ums Leben gekommenen Zeuginnen und Zeugen des Glaubens statt. Darunter sind auch die getöteten Mönche des Atlasklosters.

Einige Jahre zuvor hat mich die Verfilmung der letzten Jahre des Klosters Tibhirine mit dem Titel »Von Menschen und Göttern« nachhaltig beschäftigt. In der Folge habe ich einige Beschreibungen sowie Originaltexte des Priors Christian de Chergé gelesen. Besonders bewegt hat mich die Schilderung der Dynamik innerhalb der Klostergemeinschaft zwischen einem ersten Überfall am Weihnachtsfest 1993 und der Entführung Ende März 1996. Nach dem selbst erlebten Überfall und angesichts vieler Nachrichten von Terrorakten mussten die Mönche damit rechnen, ein zweites Mal überfallen zu werden – und dies mit möglicherweise tödlichem Ausgang.

Den Mönchen stellte sich die existenzielle Frage: Gehen oder bleiben? Sehr lange haben sie mit dieser Frage gerungen, jeder Einzelne von ihnen und zugleich im gemeinschaftlichen Gespräch. Einiges an Dokumenten aus dieser Phase ist erhalten geblieben. Der Film zeichnet das sehr getreu nach. Woran machten die Brüder ihre Entscheidung fest? Welche Kriterien waren ausschlaggebend? Keine Frage: Der Entscheidungsprozess der Mönche fand vor dem Hintergrund einer außergewöhnlichen Situation und Bedrohung statt. Aber je länger ich darüber nachdenke, desto mehr komme ich zu der Einsicht: In der Art und Weise, wie jener Entscheidungsprozess verlief, steckt auch eine Botschaft für uns als Kirche hierzulande angesichts all der Fragen, in denen wir entscheiden müssen.

Schauen wir auf die Mönche: Naheliegend wäre als ein entscheidendes Kriterium der Aspekt der Sicherheit gewesen. Objektiv betrachtet war die Situation im Atlaskloster lebensgefährlich. Die Mönche hätten sich von dem Gedanken leiten lassen können: Klösterliches Leben ist auch an einem anderen Ort möglich.

Für die Mönche war bei ihrer Entscheidung »Gehen oder bleiben« der Gesichtspunkt der *eigenen* Sicherheit letztlich nicht der ausschlaggebende Faktor. Ich verstehe das Zeugnis der Mönche als kritische Anfrage an uns kirchliche Verantwortungsträger, ob wir bei allem Streben nach Sicherheit nicht in der Gefahr sind, unser persönliches Sicherheitsbedürfnis, unsere eigene Absicherung nach allen Seiten, in den Mittelpunkt zu stellen. Wenn die Mönche ihr eigenes Sicherheitsbedürfnis hintangestellt haben, dann auch aus der Verantwortung heraus, jenen Menschen, die im Umfeld des Klosters lebten, ein gewisses Maß an Sicherheit zu geben. Ihnen standen sie – etwa als Arzt – zur Seite.

Ebenfalls kein ausschlaggebender Faktor war das Kriterium eines effektiven Einsatzes von Ressourcen – jedenfalls nach den Maßstäben, die wir allgemein dafür anlegen. Denn was bringt die Präsenz an einem Ort, der abgelegen ist, an dem niemand in der Umgebung sich vom Beispiel der Mönche in der Weise anregen lässt, dass er oder sie sich zum Christentum bekehrt? Hätten die Mönche nicht an einem anderen Ort als geistliches Zentrum sehr viel mehr bewirken können?

Was war für die Mönche ausschlaggebend? Welche Botschaft könnte darin für uns liegen, die wir heute mit knapper werdenden Ressourcen und angesichts dramatischer Entwicklungen in Vergangenheit und Gegenwart wichtige Entscheidungen treffen? Das, was mir zugänglich ist an Informationen über das Ringen der Mönche in jenen letzten Jahren vor der Entführung und dem Tod, lässt für mich die Deutung zu, dass für ihre Entscheidung mehr und mehr ausschlaggebend war: Was will der Herr jetzt von uns? Was ist unser Auftrag, was ist unsere Berufung?

Das klingt vielleicht zunächst einmal sehr fromm und weltabgewandt. Aber ich glaube, darin steckt gerade für uns heute eine wichtige Botschaft. Beim Lesen der Zeugnisse besonders von Prior Christian fällt mir auf: Berufung ist für ihn mehr als ein Wort, ein kühner Gedanke oder ein ethischer Impuls. Seine Berufung ist zutiefst verbunden mit einer existenziellen Erfahrung. Bereits bevor er Priester und später Mönch wurde, war Christian de Chergé als französischer Offizier 1958 im Algerienkrieg eingesetzt. In dieser Zeit entwickelte sich eine tiefe Freundschaft zu einem einheimischen muslimischen Mitarbeiter namens Mohammed. Mit ihm, Vater von zehn Kindern, führt er tiefe Gespräche über Gott und die Welt. In der Freundschaft zu Mohammed, dem Einheimischen, entdeckte er seinen eigenen Glauben neu. Schließlich geriet Christian de Chergé, der französische Soldat, im August 1959 in eine sehr bedrohliche Situation. Mohammed stellte sich schützend vor ihn und damit gegen seine eigenen Glaubensbrüder. Christian de Chergé war von diesem Zeugnis der Freundschaft sehr berührt. Wenige Tage später wurde Mohammed tot aufgefunden. Die Ermordung wurde als Racheakt für die Parteinahme des Freundes gedeutet.

Christian de Chergé interpretierte – nach einer langen Phase der Verinnerlichung – 1972 diese Erfahrung, dass der Freund für ihn sein Leben eingesetzt hatte, als wesentliches Moment seiner Berufung. Später schrieb er: »Ja, das Gebet und die Freundschaft eines Muslims haben mich zu Jesus geführt.« An anderer Stelle bemerkt er, Mohammed habe ihm zu einer inneren Freiheit verholfen. So konnte er frei werden für das, was er als den Willen Gottes erkennen durfte. Er wurde damit frei auch für eine Kirche, die sich als Gemeinschaft von Betenden versteht. Zugleich wurde er frei – mitten im Krieg zwischen seinem Volk und der algerischen Bevölkerung – für ein neues Verhältnis zum algerischen Volk.

Dieses Ereignis, verbunden mit der inneren Auseinandersetzung und Verarbeitung durch Christian de Chergé, will ich bezeichnen als eine *Kernerfahrung* seines Lebens. Sie ist sehr schmerzhaft und zugleich – wie ich meine – existenziell wachstumsfördernd. Schmerzhaft ist sie auch deshalb, weil sie mit der Erfahrung verbunden ist, selbst in Schuldzusammenhänge verstrickt zu sein. Christian de Chergé ist zu diesem Zeitpunkt als französischer Offizier Teil der Kolonialmacht. Zugleich ist diese Kernerfahrung wachstumsfördernd, denn sie prägt seine Persönlichkeit und damit seinen weiteren Lebensweg. So wird Christian de Chergé – seiner eigenen Deutung zufolge – durch diese Erfahrung in tieferer Weise geöffnet sowohl für die Beziehung zu Gott als auch zu seinen Mitmenschen und dabei besonders zu jenen Menschen, die als Muslime wesentliche Glaubensüberzeugungen nicht mit ihm teilen und nach menschlichem Ermessen auch nie mit ihm teilen werden. Er erkennt so tiefer, wer er selbst ist: Als Christ und als Franzose wird er sich von jetzt an für immer in besonderer Weise verbunden wissen mit dem algerischen Volk und dessen Glauben.

Die Erfahrung, dass sein andersgläubiger Freund für ihn sein Leben gab, hat sich tief in seine Seele eingeschrieben. Dass diese Kernerfahrung ihn langfristig prägt, wird in verschiedenen Situationen seines Lebens deutlich. So bindet sich Christian de Chergé am 1. Oktober 1976, in einer Situation, in der die Niederlassung längst existentiell gefährdet ist, endgültig durch ein Versprechen an das Kloster Tibhirine und damit an eine Existenz als Mönch in Algerien. Dabei nimmt er unter anderem auch explizit Bezug auf die Erfahrung mit seinem Freund Mohammed, die bereits 17 Jahre zurückliegt und die er seitdem wieder und wieder verinnerlicht hat. Auch in seinem Testament klingt diese Erfahrung indirekt an, wenn er schreibt: »Algerien und der Islam: (...) Im Hinblick auf alles, was ich erhalten habe, glaube ich hier so oft den klaren Leitgedanken des Evangeliums wiederzufinden, das ich damals auf den Knien meiner Mutter, meiner allerersten Kirche, gelernt habe, genau hier in Algerien, und damals schon im großen Respekt vor den muslimischen Gläubigen.«

Über die Jahre entfaltet eine solche Kernerfahrung bei Christian ihre Kraft. Dies zeigt sich vor allem zu Beginn der 90er Jahre – bei der Entscheidung zu bleiben oder zu gehen. Stärker als die Frage nach Sicherheit und sinnvollem Einsatz von Ressourcen ist die Frage: Was fördert jetzt ein »Mehr« an Liebe zu Christus und zu den konkreten Menschen, mit denen wir zusammenleben? Was fördert ein »Mehr« an Identität mit der eigenen Berufung?

Beileibe nicht jedem ist eine so außergewöhnliche Erfahrung gegeben. Doch wenn wir uns in diesen Jahren fragen, wo und wie wir Schwerpunkte in unserem kirchlichen Leben setzen, dann findet sich hier eine der ganz wesentlichen Herausforderungen. Was sind die Bedingungen, damit jene Erfahrungen in unserer Seele an Kraft gewinnen, die das Potential haben, ein »Mehr« an Selbst-, Gottes- und Nächstenliebe zu fördern? Denn eine solche Kernerfahrung wirkt in der Regel nicht einfach infolge des Erlebens eines singulären Ereignisses. Damit aus einem solchen Ereignis eine Erfahrung wird, braucht es Räume der Reflexion und der persönlichen inneren Auseinandersetzung. Wichtig sind hier das Gebet, das Gespräch mit Christus, und die Möglichkeit, solche Erlebnisse und die damit verbundenen Emotionen und Gedanken auch in entsprechende Gespräche einzubringen, sich bestärken und zugleich anfragen sowie herausfordern zu lassen.

Damit stellt sich die Frage: Wie wird die Kirche als ein Raum, als ein Beziehungsnetz erfahren, in dem Menschen in ihrem Leben auf solche Erfahrungen aufmerksam werden, die tief in ihrer Seele ihre Fähigkeit zur Selbst-, Gottes und Nächstenliebe entscheidend nähren können? Wie tragen wir Sorge dafür, dass eine solche Kernerfahrung wächst, dass sie durch andere Erfahrungen angereichert wird und zu einem schöpferischen Umgang mit den Herausforderungen des Lebens führt? Welche Entscheidungen helfen, dass in einem bestimmten Kontext eine »Persönlichkeitsentwicklung auf dem Glaubensweg mit Jesus Christus« gefördert wird?

In diesem Zusammenhang ist mir das Gespräch mit jungen, in unseren Gemeinden engagierten Menschen wichtig. Im Alter zwischen 20 und 30 Jahren sind in der Regel wesentliche Wertentscheidungen gefallen. Menschen dieser Altersgruppe haben ihre Weichenstellungen unter den gegenwärtigen Bedingungen unserer Gesellschaft getroffen. Ich halte das für eine der hochrelevanten Fragen für die Kirche unserer Tage: Wie treffen junge Menschen heute die Entscheidung für ein Leben aus dem christlichen Glauben? Ich bin überzeugt, genau davon können wir als Kirche, können wir als Verantwortliche im Bistum und in den Gemeinden entscheidend lernen.

Wenn es um die Frage nach dem Zugang junger Menschen zum Glauben und zur Kirche geht, dann höre ich immer wieder sehr gut gemeinte Ratschläge, die bisweilen auch geradezu programmatische Forderungen sind. Sie beginnen oft mit: »Man sollte endlich …« oder »Man müsste doch …« Diese Satzanfänge sind verdächtig. Ich erlebe sehr oft, dass damit eigene Ideen, ein persönliches Programm oder ein heimliches Lieblingsprojekt vermittelt und forciert werden. Ihren Sitz im Leben haben die Forderungen meist in der eigenen Geschichte der kirchlichen Sozialisation in vergangenen Jahrzehnten. Was früher selbst erlebt wurde soll auf die heutige Situation übertragen werden. Das *kann* hilfreich sein; sehr viel größer ist jedoch die Gefahr, damit sehr schnell weit weg von der Lebensrealität junger Menschen heute zu sein. Sie sind dann nicht mehr Subjekte, sondern Objekte – Zuwendungsempfänger unserer Pastoral.

Um dem entgegenzuwirken, gebe ich unseren Gremien oder Verantwortlichen gerne den Auftrag: Fragen Sie doch die Menschen zwischen 20 und 30 Jahren, die einen Weg zum Glauben und zur Kirche gefunden haben; fragen Sie diese – mit einem aufrichtigen Interesse, ohne zu werten und ohne zu hinterfragen – was für sie die wesentlichen Faktoren waren, warum sie ihren, je persönlichen Zugang gefunden haben. Sprechen Sie aber auch mit solchen jungen Menschen, für die der

Glaube keine Bedeutung (mehr) hat. Auch sie haben uns etwas Wesentliches zu sagen.

In dieser Haltung habe ich selbst in den vergangenen vier Jahren im Bistum Fulda eine ganze Reihe für mich sehr berührende Begegnungen mit jungen Menschen gehabt, die tiefer zum Glauben gefunden haben. Dies geschieht auch gerade heute, und das trotz einer gesellschaftlichen Stimmung, in der die Kirche – zumal die katholische Kirche – einen schweren Stand hat. Auch in unserer Zeit erfahren junge Menschen den Glauben als relevant. Sie machen die Entdeckung, dass er ihnen neue Perspektiven eröffnet, dass er für sie eine wesentliche Kraft ist, um gerade in den Herausforderungen des Lebens zu wachsen. Wir können lange über den schwierigen Stand der Kirche in der Gesellschaft lamentieren und darüber trauern, dass die jungen Menschen (und auch viele Ältere!) nicht mehr in die Kirche kommen. Aber das hilft uns nicht weiter. In einer pluralen und kritischen Gesellschaft zählt vor allem die Relevanz. Relevanz wird allerdings nicht über Programmschriften erzeugt oder über Appelle vermittelt. Relevanz erwächst aus dem konkreten Leben – gemäß der Erfahrung: Leben entzündet sich am Leben. Wie steht es hier um das »personale Angebot« in unseren Gemeinden und kirchlichen Einrichtungen? Begegne ich hier Menschen, für die der Glaube eine Relevanz hat? Erlebe ich solche Menschen, die in sehr kritischen Situationen ihres Lebens einerseits genauso betroffen sind, wie es auch andere sind? Erlebe ich sie allerdings auch als solche, die in den kritischen Situationen Kräfte aktivieren konnten, die ihnen als Glaubende zugewachsen sind – und die sich als stark erweisen, auch wenn die eigene Situation sich nicht einfach zum Guten wendet? Genau das hat offensichtlich die Zeitgenossen im Kontakt mit den ersten Christinnen und Christen fasziniert: Jene Anhänger Jesu waren extrem herausgefordert, oft wegen ihres Glaubens verfolgt; aber sie schienen aus einer geheimnisvollen Kraft zu leben, die ihnen entscheidend half, ihre schicksalhaften Situationen durchzustehen.

Was die jungen Menschen mir auf die Frage nach ihrem individuellen Weg zu Jesus und zur Kirche erzählen, gebe ich hier nicht weiter; das ist zu persönlich. Oft spielen allerdings Schlüsselerfahrungen eine Rolle, die Teilnahme an der 72–Stunden-Aktion oder am Weltjugendtagen etwa, wichtige Erlebnisse in einem Ferienlager oder an geprägten Orten wie Taizé. Sehr wichtig ist in vielen Fällen, dass es Begleiterinnen und Begleiter gab, die an den jungen Menschen drangeblieben sind und bereit waren, ihre Fragen und Sorgen auszuhalten. Was erwartet wird, sind in den meisten Fällen nicht die Antworten, sondern dass da jemand erreichbar ist, der mit mir auf der Suche nach den Antworten ist und der selbst als authentisch erlebt wird. Das gilt für junge Menschen ebenso wie für junge Familien und Personen an Lebenswenden, die sich gleichermaßen mit neuen Fragen auseinandersetzen.

Die Möglichkeit der »Erreichbarkeit« ist schwieriger geworden. Viele kirchliche Mitarbeiterinnen und

Mitarbeiter fühlen sich oft hin und her gerissen zwischen den unterschiedlichen Anforderungen. Ich bin überzeugt, hier braucht es gerade von uns Verantwortlichen eine bestimmte Form der Askese. Dass Menschen heute zum Glauben finden, muss für uns – schon vom Evangelium her – eine sehr hohe Priorität haben. Wohlgemerkt: Dabei geht es nicht darum, »Menschen für unseren Verein zu gewinnen«. Aber wenn wir selbst erleben, dass der Glaube an Jesus für uns eine entscheidende Kraft ist, gerade in dieser Zeit unseren Weg zu gehen und als Persönlichkeit zu wachsen, dann müssen wir dort, wo immer wir es können, die Weichen so stellen, dass andere Menschen auch diese Chance haben.

Askese meint hier: Wenn wir in unseren Gemeinden Priester, Hauptberufliche und Ehrenamtliche haben, die die Fähigkeit mitbringen, solch einen Dienst der persönlichen, selbstlosen Begleitung zu leisten, dann müssen wir sie von anderen Aufgaben entlasten. Dies kann in vielen Fällen bedeuten, dass so manches Projekt oder eine Aufgabe, die eben an jener Person hängen, dann aufgegeben werden müssen. Die Erfahrung zeigt, dass gerade solche Projekte und Aufgaben, die dann zur Disposition stehen, sehr oft eine lautstarke Lobby haben. Die Menschen hingegen, die noch gar keinen Zugang zum Glauben gefunden haben oder darum ringen, kommen mit ihrer Stimme kaum in unseren Gruppierungen und Gremien vor. Es gehört zur Professionalität von Gruppen, Gremien und Leitungsteams, sich diesem Phänomen kritisch zu stellen: Für wen sind wir verantwortlich? Wem gelingt es relativ leicht, sich bei uns Gehör zu verschaffen, auch indem ein gewisser Druck aufgebaut oder auf subtile Weise Einfluss genommen wird? Wen hingegen hören wir nicht oder kaum, wer ist mit der eigenen Stimme zu leise, zu weit weg oder zu verunsichert? Wen aber sollten wir dringend hören? Und mit welchem Interesse, mit welcher Haltung? Es ist bezeichnend, dass der heilige Benedikt in seiner Regel betont, dass »alle zur Beratung zu rufen seien« und das deshalb, »weil der Herr oft einem Jüngeren offenbart, was das Bessere ist.« Und wenn es um eine Besprechung sozusagen im kleineren Kreis geht und der Abt nur die Vertrauten, Älteren befragt, dann nur, um »weniger wichtige Angelegenheiten des Klosters zu behandeln«! (Regel des heiligen Benedikt, Kap. 3)

Als Verantwortliche und als Entscheider stehen wir vor der Aufgabe, wiederholt kritisch zu reflektieren, worauf bei bestimmten Prozessen unsere Aufmerksamkeit liegt. Kurz nach Ostern 2023 bin ich von der Katholischen jungen Gemeinde (KjG), einem unserer Jugendverbände, in deren Jugendhaus auf dem Buchschirm in der Rhön eingeladen. Mehr als 20 Leute pilgern eine Woche lang durch die Rhön. Für 18 aus ihrem Kreis ist dies die Vorbereitung auf ihre Firmung. »Firmung im Verband« nennen wir dieses Projekt, das ich bereits einmal in meinem Heimatbistum begleiten durfte und das nun zum zweiten Mal auch im Bistum Fulda durchgeführt wird.

Natürlich gab es am Anfang auch reichlich Skepsis. Ist das nicht eine Konkurrenz zur Firmvorbereitung, die eigentlich in den Pfarreien beheimatet ist? Stimmt das Konzept? Hat ein Jugendverband dazu die Expertise? Bleibt das eine Ausnahme oder zeigt sich hier ein Trend, der letztlich junge Menschen von der Pfarrei abkoppelt? Und natürlich gab es im Vorfeld einiges zu klären: die Erarbeitung eines soliden inhaltlichen Konzeptes, pädagogische Fragen, ein Präventionskonzept im Dienst von Kirche als einem sicheren Ort.

Aber – kritisch gefragt – worauf liegt bei all dem der Fokus, bei mir als Bischof und bei denen, die mit mir Verantwortung im Bistum tragen? So ein Firmweg hat das Potential, dass er für Beteiligte – Begleitpersonen wie Teilnehmende – eine prägende Erfahrung sein kann. Das jedenfalls ist meine persönliche Wahrnehmung. Im ersten Jahr meines Theologiestudiums begleitete ich mit Freunden einen solchen Firm-Pilgerweg. Von der Bischofsstadt Freiburg waren wir eine Woche lang zu Fuß unterwegs durch den Schwarzwald bis in die Heimatgemeinde der meisten Firmanden. Diese waren – vorsichtig gesagt – sehr durchschnittlich religiös sozialisiert. Aber in dieser Woche ist in Gesprächen auf den langen Wegen unerwartet viel passiert. Es wuchsen Freundschaften, die bis heute andauern. Mit manchen der damaligen Pilger habe ich bis heute Kontakt. In der Langzeitwirkung darf ich nach über 30 Jahren feststellen: Diese Pilgerwanderungen und weitere Angebote, die sich daran anschlossen, haben das Selbstbild und das Gottesbild der Pilgerinnen und Pilger nachhaltig geprägt. Das gilt auch für mich selbst. Wovon ich zuvor im Priesterseminar bereits gehört hatte, konnte ich bei jener Pilgerwanderung im konkreten Leben staunend entdecken: Gott geht unsere Wege mit, wie es die Schriften Israels bezeugen. Zugleich fordert er uns heraus, er überrascht uns – seine Wege sind nicht unsere Pläne. Aber all dies kann uns wachsen lassen. Mir wurde bei jener Pilgerwanderung und bei der anschließenden Reflexion noch einmal tiefer bewusst, worum es bei meinem künftigen priesterlichen Dienst gehen könnte: Prozesse zu fördern, die Menschen helfen, selbst zu wachsen, zu Persönlichkeiten zu reifen und dabei Jesus Christus als die entscheidende Kraft in ihrem Leben zu entdecken. Was ich damals erlebt habe, prägt mich bis heute. Jene Pilgerwanderung war für mich und meinen weiteren Weg eine Kernerfahrung.

Firmung am Ende eines Pilgerweges im Jahr 2023: Mit den Jugendlichen und den jungen Erwachsenen der KjG sitze ich am Abend beim Lagerfeuer und höre mir gespannt ihre Geschichten an. Am folgenden Morgen feiern wir die Firmung draußen vor der Hütte am großen Kreuz. Unter den Eltern sind viele, die einst als Jugendliche selbst hier oben waren. In den anschließenden Begegnungen erzählen sie mir, wie prägend diese Ereignisse waren, wie sie ihrem Leben eine Richtung gegeben haben.

Mit zufriedenen Gesichtern verlassen die jungen Leute mit ihren Familien den Berg. Wer, wenn sie wieder zuhause sind, wird sich für ihre Erfahrungen interessieren? Wer in ihren Heimatpfarreien fragt nach: Was habt ihr erlebt, welche neue Erfahrung habt ihr gemacht, die auch uns inspirieren kann? Dass solche Erfahrungen in der Seele eines Menschen Kraft gewinnen, hat auch damit zu tun, ob, wo und wie jemand mit seinen Erfahrungen Resonanz findet. Mich jedenfalls hat diese Erfahrung mit der KjG sehr bereichert. Es sieht auch ganz danach aus, dass dieses Projekt seine Fortsetzung findet.

Dass Verantwortliche hier Resonanz geben können, das heißt, dass sie die Möglichkeit ausloten können, ob hier Menschen Erfahrungen gemacht haben, die wichtige Weichenstellungen für ihr Leben beinhalten können, hat wesentlich damit zu tun, ob diese Verantwortlichen selbst einen Zugang zu Kernerfahrungen ihres Lebens haben. Für Verantwortungsträgerinnen und -träger in unserer Kirche erscheint mir das als ein sehr wesentliches Kriterium: Weiß ich um die Art und Weise, wie ich geworden bin, wie wesentliche Überzeugungen in mir gewachsen und gereift sind? Habe ich einen Zugang zu den Erfahrungen, die mich sehr positiv geprägt haben, und zu den Erfahrungen, die mich verletzt haben? Dieser Zugang hilft mir umgekehrt bei der kritischen Selbstwahrnehmung: Worauf »springe ich an« – und was sind meine »blinden Flecken«? Weiterhin: Die Reflexion des Prozesses meines eigenen Gewordenseins hilft mir, ein Gespür dafür zu entwickeln, wo und wie in je eigener Form sich solche Prozesse bei anderen Menschen oder auch in Gruppen vollziehen können.

Zurück zum 8. Dezember 2018. Ich habe meine beiden Dokumente unterschrieben und händige sie dem Vorsteher des Fuldaer Domkapitels aus, der extra dazu nach Freiburg gekommen ist. Gemeinsam gehen wir zum Mittagessen. Ort und Zeitpunkt lassen mich für einen Moment innehalten. Die Straße, die wir mit den beiden unterschriebenen Dokumenten jetzt entlang gehen, erinnert mich an den Pilgerweg mit den Jugendlichen 28 Jahre zuvor. Genau in dieser Straße hinter dem Münster waren wir gestartet. Ich deute dies als Zusage: Was ich damals zusammen mit den jungen Menschen erfahren habe, werde ich in der neuen Aufgabe, am neuen Ort, mit vielen mir noch unbekannten Menschen wieder erleben dürfen: Gott fordert uns heraus, er überrascht uns; aber in all dem zeigt er sich als der Gott der Treue und der Gott des Wachstums. Und ich denke in diesem Moment an das Lebenszeugnis der algerischen Märtyrer, die in dieser Stunde seliggesprochen werden und die mich auf die existenzielle Dimension der Nachfolge verweisen; aber auch ihr Weg hat zunächst einmal im Kleinen begonnen, in weniger drastischen Kernerfahrungen, die sich zuletzt aber auch im Martyrium in ihrer Relevanz erwiesen haben.

3. Radikal vom Ziel zum Mittel

Als Weihbischof in Freiburg war ich für die Ordensgemeinschaften zuständig. In dieser Funktion hatte sich
eine Schwesterngemeinschaft, mit der ich bereits seit einigen Jahren regelmäßig in Kontakt war, zum Gespräch
in meinem Büro angemeldet. Jene Schwestern hatten
Jahre zuvor ein leerstehendes Pfarrhaus bezogen, das
für den Orden unter mehreren Gesichtspunkten geradezu ideal war, um darin eine wichtige Idee umzusetzen.
Das Haus liegt idyllisch mitten in einem Weinort am
Rande des Kaiserstuhls. Unmittelbar neben dem Pfarrhaus liegt die Kirche, ein wahres Kleinod. Direkt mit
dem Pfarrhaus verbunden ist die alte Pfarrscheuer, die
zum Gemeindehaus umgebaut ist. Einige der Schwestern
arbeiteten in verschiedenen sozialen Feldern. Der Großraum Freiburg bot dafür reichhaltige Arbeitsmöglichkeiten und der Wohnort der Schwestern war mit öffentlichen Verkehrsmitteln sehr gut zu erreichen.

Im Laufe der Jahre war eine enge Beziehung
zwischen der Schwesterngemeinschaft und der Pfarrgemeinde gewachsen. Die Schwestern prägten an unterschiedlichen Stellen das Leben in der Pfarrei mit. Zugleich war ihr Haus für viele Christinnen und Christen
zu einem wichtigen geistlichen Ort geworden. Einzelgespräche und Angebote zum gemeinsamen Gebet in
der kleinen Hauskapelle unter dem Dachfirst fanden

Resonanz. Wohl als Hinweis auf die Angebote von Besinnung und Begleitung hatte das Haus einige Jahre zuvor den Taufnamen des heiligen Ignatius von Loyola erhalten: Haus Inigo. Die Kaiserstühler Nachbarn erfuhren den Ort als sehr gastfreundlich – und bald bürgerte sich eine wunderbare Umschreibung des Namens ein: Haus Inigo – *do kannsch ini go.* »Da kannst Du hineingehen, da bist du willkommen«, so die dialektale Deutung des Hausnamens.

Auch für die Gemeinschaft selbst war dieser Ort sehr bedeutsam geworden. Der Orden hatte eine ganze Reihe solch kleiner Gemeinschaften in Deutschland. Jener Ort am Kaiserstuhl diente seit einigen Jahren auch zur Einführung und Begleitung von Frauen, die ihren Weg als künftiges Mitglied der Gemeinschaft suchten. Im Haus wohnten unter anderem drei jüngere Schwestern, die neben einem Studium an der nahegelegenen Universität auch Elemente einer ordenseigenen Ausbildung absolvierten. Einige von ihnen hatten nach dem Abitur oder der Ausbildung ein Jahr in sozialen Projekten im Ausland verbracht. Über dieses Engagement waren sie auf die Schwesterngemeinschaft gestoßen. Dieser Zugang prägte auch für mich deutlich wahrnehmbar den Geist, der in der Gemeinschaft herrschte. Er war bestimmt von einem wachen Bewusstsein für soziale Fragen und zugleich einer tiefen Spiritualität. Der Gemeinschaft gehörten Frauen aus mehreren Nationen an. Die Sorge für Menschen in der Fremde, gerade für die Geflüchteten jener Jahre, gehörte fest zu ihrer Sendung als Gemeinschaft.

An jenem Nachmittag saß also eine Delegation dieser Gemeinschaft in meinem Büro. Sie erzählten von ihrer momentanen Arbeit und wir blickten zurück auf einen Besuch, den ich vor einiger Zeit bei ihnen gemacht hatte. Dann wurde das Gespräch sehr ernst. »Herr Weihbischof, wir haben in unserer Gemeinschaft zwischen den einzelnen Standorten einen intensiven Prozess des Nachdenkens und der Neuausrichtung gestartet. Wir haben uns intensiv gefragt: Was ist der Kern unserer Berufung als Gemeinschaft? Davon abgeleitet haben wir uns die Frage gestellt: In welchen Formen, mit welcher Art von Engagement können wir jetzt, in dieser Zeit, unserem Auftrag am besten gerecht werden? Dies wiederum hat uns zu der Frage geführt: Welche Mittel helfen uns dabei und welche Standorte sind dafür geeignet? Dabei sind wir nach reiflicher Überlegung zu der Überzeugung gelangt, dass wir zusammen mit mehreren anderen Standorten auch das Pfarrhaus am Kaiserstuhl aufgeben, um an insgesamt drei anderen Standorten im deutschen Sprachraum neu beginnen zu können.«

Ich war zunächst einmal sprachlos. Da hatte ich eine Gemeinschaft erlebt, in der aus meiner Sicht einfach alles passte. Ich hatte dort Frauen kennengelernt, die glaubwürdig miteinander unterwegs waren. Der Ort strahlte in die nähere Umgebung aus und inspirierte – nicht nur in der Einführungsphase – die einzelnen Schwestern auf ihrem geistlichen Weg. Warum wollten sie nun diesen Ort aufgeben? Bei mir selbst spürte ich einen Schmerz. Da hatte ich diese Gemeinschaft inmitten vieler alt gewordener und im Aussterben begriffener Ordensgemeinschaften als zukunftsweisend erlebt, als eine lebendige Antwort auf die Frage, wie gemeinschaftliches Leben in einem Orden heute gehen kann. Warum wollten die Schwestern jetzt gehen?

Nach einer kurzen Zeit der Stille in meinem Büro setzte die Leiterin wieder an: »Für viele unserer Schwestern hat dieser Ort am Kaiserstuhl in den vergangenen Jahren für ihre persönliche Berufungsgeschichte eine große Bedeutung bekommen. Sie verbinden damit existenzielle Erfahrungen und Situationen der Entscheidung. Darauf schauen wir sehr dankbar. Wenn wir den Ort in absehbarer Zeit verlassen werden, dann steckt dahinter keine Enttäuschung. Im Gegenteil, wir fühlen uns hier sehr wohl und die Beziehungen zu den Menschen in der Umgebung sind auch für uns sehr inspirierend.«

Es folgte ein sehr langes Gespräch über den inneren Weg, den diese Ordensgemeinschaft in den Monaten zuvor zurückgelegt hatte. Sie waren der Frage nachgegangen: Was kennzeichnet uns zutiefst? Was ist, ausgehend von der Botschaft Jesu, unser ureigenster Auftrag als Gemeinschaft? In ihrer Geschichte und besonders in den zurückliegenden Jahren hatten sie mehrfach die Erfahrung gemacht, dass sie dort, wo sie dieser ganz grundlegenden Frage nachgegangen waren, neu eine innere Lebendigkeit erfahren haben. Ein äußerer Anstoß, dieser Frage jetzt erneut nachzugehen, war das Wort von der »Peripherie«, das Papst Franziskus immer wieder gebraucht. Die Schwestern hatten sich von den Impulsen des Papstes sehr angesprochen gefühlt, dass die Kirche vor allem dazu berufen sei, »an die Ränder zu gehen«. Das deckte sich mit der persönlichen Erfahrung vieler Mitglieder der Gemeinschaft, hatten sie doch vor allem durch ein Engagement »an den Rändern«, etwa in Projekten der Entwicklungshilfe, ihre Berufung für diese Gemeinschaft entdeckt. Wozu gibt es uns als Gemeinschaft? Welcher Aspekt der gelebten Nachfolge Jesu ist uns als Gemeinschaft in besonderer Weise aufgetragen?

Ich nahm wahr, dass bei dieser gemeinschaftlichen Reflexion drei Elemente zusammenkamen: Da war die Besinnung auf den Ursprung der Gemeinschaft und da waren zugleich wertvolle Erfahrungen in den Lebensgeschichten der Einzelnen. Es waren Erfahrungen, bei denen die Frauen eine große innere Lebendigkeit gespürt hatten. Hinzu kamen in der aktuellen Situation die Besinnung auf das Evangelium und auf die Worte von Papst Franziskus, die die Schwestern zur inneren Mitte ihrer persönlichen und ihrer gemeinschaftlichen Berufung in Beziehung gesetzt hatten.

Von diesen Überlegungen ausgehend war die Gemeinschaft der Frage nachgegangen: In welcher Form können wir jetzt, in dieser Zeit, unserem Auftrag am meisten gerecht werden? Wie erfüllen wir diesen Auftrag mit Leben, in der Art und Weise unseres Zusammenlebens und unseres Dienstes inmitten der Menschen unserer Tage? Wo sind wir heute herausgefordert, an die Ränder zu gehen? Bei der Beantwortung dieser Fragen konnten die Schwestern auf viele eigene Erfahrungen zurückgreifen, auf die Arbeit mit Menschen in sozialen Brennpunkten oder ihr Engagement für Geflüchtete. So zeigten sich ihnen in einem weiteren Prozess der Unterscheidung und der Entscheidung Konturen ihres künftigen Engagements.

Davon ausgehend stellten sie sich in einem dritten Schritt die Frage: Wo und mit welchen Mitteln können wir diese Konturen mit Leben erfüllen? In diesem Zusammenhang wurden schließlich auch die gegenwärtigen Standorte der Schwesterngemeinschaft und ihre mögliche künftige Bedeutung kritisch reflektiert. Nun wäre es naheliegend gewesen, darüber nachzudenken, was an diesem oder jenem Standort möglich ist und wie man das bisherige Engagement dort überprüfen und im Sinne des erkannten Auftrages optimieren könnte. Zweifelsohne hätte man an jedem der Standorte verschiedene Anknüpfungspunkte finden können. Auch das Pfarrhaus am Rande des Kaiserstuhls im Freiburger Umland hätte manche Perspektive geboten. So erinnere ich mich an einige Fotos, die mir einst die Schwestern gezeigt hatten. Darauf war zu sehen gewesen, wie Geflüchtete im Garten der Schwestern ihren ersten Deutschunterricht bekamen. Das »an die Ränder gehen« war bereits sehr konkret geworden. Und doch stellten sich die Schwestern die Frage nach der Form und dem Ort der künftigen Verwirklichung ihres Auftrages mit einer in der Kirche hierzulande eher seltenen Radikalität. Diese Radikalität meinte mehr als nur die Neuausrichtung oder Optimierung des Bisherigen. Es war der Sprung in eine neue Wirklichkeit, in eine neue Existenzform als Konsequenz der eigenen und jetzt tiefer begriffenen Sendung.

Mich hat der Weg der Schwestern an eine wichtige Entscheidung im Leben des heiligen Paulus erinnert. Am Ende seiner letzten Missionsreise brach er nach Jerusalem auf. In Milet legte er einen Zwischenstopp ein und empfing Besucher aus der Gemeinde in Ephesus (vgl. Apg 20, 17–38). Paulus ahnte, dass ihn in Jerusalem »Fesseln und Drangsale« (Apg 20,23) erwarten. Vieles hätte dafür gesprochen, in der Gemeinde in Ephesus zu bleiben. Hätte er nicht dort seine Kraft sinnvoller einsetzen können als wenig später in der Auseinandersetzung mit der jüdischen Obrigkeit und dem römischen Statthalter? In Ephesus hatte Paulus bereits drei Jahre lang gewirkt. Gewachsen war die Gemeinde offenbar vor allem durch die intensive Begleitung Einzelner (vgl. Apg 20,31). Der Abschied von den Menschen aus Ephesus, wie er in der Apostelgeschichte geschildert wird (vgl. Apg 20,36), legt es nahe, dass in jenen Jahren eine vertrauensvolle Beziehung gewachsen war. Wäre es nicht konsequent gewesen, an die Ergebnisse seines ersten Wirkens in Ephesus anzuknüpfen? Hätte Paulus nicht mit einer kontinuierlichen Erfahrung hier eine Gemeinde formen können, die schlussendlich zum Vorbild geworden wäre für viele andere Gemeinden und Gemeindegründungen? Vieles hätte also dafür gesprochen, an diesem Ort das einmal begonnene Wirken in der bisherigen Spur fortzusetzen.

So betrachtet hätte Paulus eine gute Ausgangsbasis gehabt, um nach seiner Missionsreise wieder nach Ephesus zu gehen und dort länger zu bleiben, anstatt von Milet aus gleich nach Jerusalem zu segeln. Die Menschen in der Gemeinde von Ephesus waren ihm wohlgesonnen. Gemeinsam mit Paulus hatten sie tief bewegende Erfahrungen gemacht, welche die Apostelgeschichte in den Worten zusammenfasst: »So wuchs das Wort in der Kraft des Herrn und wurde stark.« (Apg 19,20) Zweifelsohne gab es während der Zeit des Paulus auch sehr kritische Momente, doch hatte sich die Situation am Ende seines Aufenthalts soweit beruhigt, dass diesbezüglich nichts gegen eine spätere Rückkehr des Paulus sprach. Paulus hätte die Gläubigen in Ephesus bei seiner erneuten Ankunft noch weiter fördern können. Dadurch geformt hätten diese sich ihrer Begabung entsprechend noch besser einsetzen können für das Gemeinwohl und für die weitere Verbreitung des Glaubens. Ephesus als ein kulturelles und wirtschaftliches Zentrum hätte für die Ausbreitung der christlichen Botschaft eine gewisse Mittelpunktfunktion wahrnehmen können.

Doch Paulus folgte einer anderen Logik und erläuterte diese am Hafen von Milet seinen Hörern aus Ephesus: »Aber ich will mit keinem Wort mein Leben wichtig nehmen, wenn ich nur meinen Lauf vollende und den Dienst erfülle, der mir von Jesus, dem Herrn, übertragen wurde: das Evangelium von der Gnade Gottes zu bezeugen.« (Apg 20,24) Paulus besann sich auf seinen Auftrag und sprach von dem ihm übertragenen

Dienst. Dazu gehörte, dass er mit der Kraft seiner Worte das Evangelium von der Gnade Gottes bezeugt. Zugleich erlebten die Gläubigen aus Ephesus und Milet auf eindrucksvolle Weise: Paulus lebt das in herausfordernder Radikalität, was er bei ihnen verkündet hat. Der Apostel sah sehr klar das große Risiko, das mit diesem Verzicht einer Fortsetzung seines Wirkens in Ephesus für ihn und für seine Gründung verbunden war und sprach das deutlich aus: »Und selbst aus eurer Mitte werden Männer auftreten, die mit ihren falschen Reden die Jünger auf ihre Seite ziehen.« (Apg 20,30)

Dennoch verließ er die Gemeinde. Dies geschah keinesfalls aus einer Unzufriedenheit heraus oder aus dem einfachen Gedanken: Vielleicht ist anderswo noch mehr möglich. Tatsächlich ging es Paulus um ein »Mehr«. Jedoch ist dieses »Mehr« keine bloße Steigerung und Intensivierung des Bisherigen oder eine Vergrößerung des eigenen Wirkungskreises. Sondern das »Mehr« ist für Paulus ein jetzt anstehender Schritt der Nachfolge Jesu. Er ging nach Jerusalem, weil er überzeugt war, auf diese Weise dem zu folgen, der einst in Jerusalem gelitten hat und seinen Weg bis zum Tod am Kreuz ging. Von außen betrachtet setzte er damit tatsächlich seine Gründung in Ephesus aufs Spiel und sprach dies gegenüber den Vertretern der Gemeinde auch deutlich an.

Doch wurde durch diesen Schritt dem Apostel selbst und zugleich der Gemeinde eine wesentliche und existenzielle Erfahrung geschenkt, die ein entscheidendes und sehr existenzielles »Mehr« beinhaltet. Paulus und die Gemeinde erfuhren: Gottes Gnade ist für die Art und Weise, wie der Glaube wächst, ausschlaggebend. Was Paulus zuvor gepredigt hatte, blieb für die Gemeinde nicht nur ein wertvoller Gedanke, der gerne zu bestimmten Anlässen hervorgeholt und feierlich vorgetragen wird. Was Paulus einst gepredigt hatte, nämlich dass der Mensch ganz aus der Gnade Gottes lebt, wurde in einem schmerzvollen und tränenreichen Abschied erfahrbar. Doch genau darin lag der Weg in eine neue Wirklichkeit.

Zurück zu den Schwestern am Kaiserstuhl. Auch hier folgte ein bewegender Abschied an einem kalten Sonntag im Februar. Als ich mit der Gemeinde und den Schwestern in der Dorfkirche die Messe feierte und wir anschließend im Gemeindehaus zusammen waren, erinnerte mich manches an den Abschied des Paulus in Ephesus. Der Tag war gefüllt mit Worten voll echter Dankbarkeit, mit Tränen und Umarmungen. Die Menschen zeigten deutlich, wie sehr ihnen die Schwestern ans Herz gewachsen waren.

Den einzelnen Schwestern selbst war in diesen Stunden des Abschieds noch längst nicht klar, wie genau die nächsten Wegstationen für jede von ihnen aussehen würden. Ihre Wege würden sie an unterschiedliche Standorte führen. Manche Gemeinschaften mussten erst noch neu gebildet werden. Es stand die Aufgabe an, an den neuen Orten konkrete Tätigkeitsfelder und damit den Broterwerb zu finden. Doch im Gepäck hatten die Schwestern nicht nur manch wertvolle Erinnerung und viele liebevoll gestaltete Abschiedsgeschenke. Im Gepäck hatten sie eine Erfahrung von tiefer innerer Freiheit, der Freiheit, radikal danach zu fragen: Was ist jetzt der Auftrag Jesu für uns? Wo und wie werden wir auf diesen Auftrag aufmerksam in den Worten des Evangeliums? Wo erschließt er sich uns in den Bedürfnissen unserer Zeit und in der Stimme unseres Herzens? Zu welchem Schritt, zu welchem »Mehr«, das nicht nur Optimierung oder gar bloße Anpassung des Bisherigen ist, fordert er uns heraus? Es ist die Freiheit, auf Basis der tiefer erkannten eigenen Sendung innerlich und äußerlich manches loslassen zu können, was seine Plausibilität hat, ja was in vielen Fällen sogar bislang seine wichtige Bedeutung für den Auftrag hatte. Es ist die Freiheit, losgelöst von mancher Sicherheit sich ganz auf die Gnade Gottes zu verlassen.

Ignatius von Loyola, der Namensgeber des Pfarrhauses am Kaiserstuhl, formuliert dazu in seinem Exerzitienbuch: »Der Mensch ist geschaffen, um Gott unseren Herrn zu loben, ihm Ehrfurcht zu erweisen und ihm zu dienen und mittels dessen seine Seele zu retten; und die übrigen Dinge auf dem Angesicht der Erde sind für den Menschen geschaffen und damit sie ihm bei der Verfolgung des Ziels helfen, zu dem er geschaffen ist. Daraus folgt, dass der Mensch sie soweit gebrauchen soll, als sie ihm für sein Ziel helfen, und sich soweit von ihnen lösen soll, als sie ihn dafür hindern.« (Geistliche Übungen, Nr. 23)

»... soweit ihm die geschaffenen Dinge für sein Ziel helfen« – und nicht weiter, so könnte man hinzufügen. Doch wenn wir ehrlich sind, dann gehen wir oft den umgekehrten Weg. Wir schauen, welche Mittel wir haben. Unter »Mittel« im Sinne des Ignatius können wir Einrichtungen, Gebäude und auch Aktivitäten verstehen, auch eine sich wiederholende Abfolge von Ereignissen und gewachsenen Traditionen. Dann fragen wir uns, welchen Beitrag diese Mittel für die Ziele leisten könnten, die wir uns vorgenommen haben. Diese Art des Fragens ist nachvollziehbar. Damit verbunden ist die Wertschätzung des Bestehenden, und zugleich klingt das nach einer nüchternen Kalkulation des Möglichen vor dem Hintergrund der vorhandenen Mittel.

Mit einem bestimmten Haus, mit einer über Jahre bewährten Einrichtung verbinden wir wertvolle, ja sogar prägende und existenzielle Erfahrungen. So suchen wir nach guten Argumenten, warum dieses oder jenes, was doch so lange zum Wohl der Menschen im Sinne des Evangeliums gedient hat, auch für die sich abzeichnende Zukunft unverzichtbar ist. Dabei sind wir nahe dran an den Menschen, die von Ephesus nach Milet zu Paulus kommen. Die Gemeinschaft mit Paulus hatte sich dort über drei Jahre bewährt. Vieles war gewachsen. Ein weiteres Engagement in Ephesus hätte doch für Paulus selbst, für die Gemeinde dort und für das keimende Christentum insgesamt eine wichtige Bedeutung haben können!

Bei uns verschärfen sich gegenwärtig viele Fragestellungen. Die Ressourcen, unsere finanziellen Möglichkeiten und unsere personelle Ausstattung werden knapper. Jedem ist klar, dass auf absehbare Zeit so manches Haus und so manche bewährte Einrichtung aufgegeben werden muss. So gerät einiges in eine wechselseitige Konkurrenz zueinander. Daher investieren wir viel Energie, um gut zu begründen, warum gerade »unser« Projekt und damit eine personelle und finanzielle Investition in – im Bild gesprochen – »unser Ephesus« so unverzichtbar ist für den großen Auftrag, den die Kirche unserer Tage hat.

Gerade vor diesem Hintergrund hat mich die Erfahrung mit jenen Schwestern vom Kaiserstuhl bis heute sehr bewegt. Denn die Schwestern hatten – so betrachtet – keinen äußeren Anlass, den Ort zu verlassen. Wirtschaftlich konnte sich die kleine Kommunität durch das tragen, was die einzelnen Schwestern an Broterwerb beitrugen. Die Gesamtzahl der Schwestern im deutschen Sprachraum war noch ausreichend groß, um diesen Standort zu halten. Denn mit dem Weggang vom Kaiserstuhl reduzierte die Gemeinschaft ja nicht einfach die Zahl ihrer Standorte. Vielmehr wurden mehrere neue Filialen eröffnet. Es war also kein wirtschaftlicher oder personeller Druck für diesen Schritt vorhanden. Wäre das nicht Grund genug gewesen, um gerade in Zeiten des Umbruchs zu sagen: Hier sind alle Mittel vorhanden, es läuft gut, kein Grund, um jetzt etwas zu verändern.

Doch ist mit diesem Ansatz, der von den vorhandenen Mitteln ausgehend danach fragt, wie wir diese möglichst optimal einsetzen können, auch eine große Gefahr verbunden. Denn es kann schnell geschehen, dass wir die Summe der Mittel bereits für den Auftrag an sich halten. Denn natürlich wird uns, wenn wir in diesem Sinne eine Inventur unserer Mittel gemacht haben, schlussendlich auch ein gutes Wort aus der Bibel einfallen, das für die Summe der Mittel und der sich daraus ergebenden Möglichkeiten als Überschrift taugt. Aber führt uns dieser Ansatz wirklich zu der Erfahrung radikaler Verwiesenheit auf die Gnade Gottes, von der Paulus spricht (vgl. 2 Kor 12,9)?

In diesem Zusammenhang geben uns die Ausführungen in den Geistlichen Übungen des Ignatius von Loyola noch einen wichtigen Hinweis. Ignatius spricht nicht von »den Zielen« (im Plural), sondern ausdrücklich von »Ziel« im Singular. Darin liegt – gerade im kirchlichen Kontext – eine kritische Anfrage. Was Ignatius vor knapp 500 Jahren formuliert, weist eine bemerkenswerte Parallele zur aktuellen Organisationsforschung und zu Grundlagen des strategischen Managements auf. Dort ist etwa von einer Zielpyramide die Rede. Die Spitze einer Zielpyramide bildet das, was »Leitbild« genannt wird. Dieses gibt nicht nur über die Vision, den Auftrag und die Werte einer Organisation *Auskunft*, sondern bietet vor allem eine *Langzeitorientierung* für viele Jahre und eine verlässliche Entscheidungsgrundlage in allen Verwerfungen und unvorhersehbaren, komplexen Herausforderungen des Alltags. Davon leiten sich wenige strategische Ziele ab, sozusagen als

Meilensteine der nächsten Jahre, die für die eigene Entwicklung überschaut werden. Die Schritte von Meilenstein zu Meilenstein werden durch kurzfristige, operative (Jahres-) Ziele strukturiert.

Was Ignatius als DAS Ziel bezeichnet, bewegt sich – in den Kategorien der Organisationsforschung gedacht – im Bereich von Leitbild. Dieses Ziel gibt über die Zeiten hinweg der Kirche Orientierung. Es geht bei DEM Ziel also nicht einfach nur um eine Strategie. Ignatius geht damit sehr viel mehr in die Tiefe und richtet seinen Blick auf das letzte Ziel, das nicht wir setzen, sondern das in unserer Geschöpflichkeit begründet liegt. Das geht noch über die Spitze der Zielpyramide hinaus. In den Geistlichen Übungen nennt er Lob, Ehre und Dienst Gottes als DAS Ziel. Richtet sich der Mensch auf dieses Ziel hin aus, erlangt er dadurch auch das Heil seiner Seele. Wir tun uns vielleicht mit diesen Begriffen schwer. Was Ignatius damit meint ist aber unbedingt zu erschließen, weil darin eine unglaubliche Kraft für unsere persönliche Entwicklung und die Entwicklung der Kirche in der Welt von heute liegt.

Als Kurzformel kann gelten: Das, was wir landläufig mit Zielen bezeichnen – seien es strategische oder operative Ziele oder wie auch immer sie in der Literatur unterschieden werden –, ist im Sinne von Ignatius fast immer als »Mittel« zu interpretieren. Seine Zielbestimmung im Singular ist das, was seinen Ursprung und seine Erfüllung in Gott hat und uns in seiner Konkretheit von Gott vorgegeben ist. Schrift und Tradition, die Biographien von Christinnen und Christen und die

Wendepunkte der Kirchengeschichte liefern eine unendliche Reihe von Beispielen, wie DAS Ziel im Leben einer Person oder in einer Gemeinschaft, einem Orden, einem Bistum oder einer Pfarrei aufleuchtet und orientiert. Friedrich Rückert (1788–1866) hat das in einem Gedicht so ausgedrückt: »Vor jedem steht ein Bild des, was er werden soll. Solang er das nicht ist, ist nicht sein Friede voll.«

Sprachlich sind wir nur bedingt in der Lage, dieses uns von Gott vorgegebene Ziel in Worte zu fassen. Denn dieses letzte und eigentliche Ziel findet seinen Grund im Geheimnis Gottes. Ursprung und Vollendung liegen in ihm, und damit bleibt er der vorrangig Handelnde. Was Ignatius als »Heil der Seelen« bezeichnet, kann vom Menschen selbst nicht unmittelbar angestrebt werden. Dies würde ihn auch völlig überfordern. Deshalb genügt für ihn als Ziel, Gott zu loben, ihn zu verehren und ihm zu dienen. Das Heil wird dazu geschenkt. Was vom Menschen und von der Gemeinschaft der Kirche im eigentlichen Sinne des Wortes »letztlich« gefordert ist, das ist die Ausrichtung und damit die Offenheit für das Handeln Gottes.

Der Glaube, dass die Kirche selbst Sakrament ist, erinnert uns an die Zusage Jesu, dass dieses Handeln Gottes in besonderer Weise im Volk Gottes, in seiner und durch seine Kirche für das Heil der Welt und aller Menschen erfahrbar ist (vgl. Mt 28,19f). Damit muss kirchliches Leben in Wort und Tat glaubwürdig Zeugnis von diesem Handeln Gottes geben und zugleich Menschen fördern und sie dabei begleiten, sich in Freiheit dem Handeln Gottes zu öffnen. Für den Entwicklungsprozess unseres Bistums habe ich deshalb als grundlegenden Auftrag formuliert: »Wir wollen, dass Menschen – die durch das Heute geprägt sind – in eine lebendige Beziehung zu Jesus Christus und zu seiner Botschaft finden. Wir wollen, dass Menschen durch diese Beziehung die Herausforderungen ihres Lebens angehen sowie Kirche und Gesellschaft gestalten können. Kirche ist dafür ein Beziehungsgeschehen, das Menschen in diesem Prozess unterstützt, begleitet und stärkt – und die Gnade und Gegenwart Gottes erfahrbar werden lässt.« Dies ist – dem Zeugnis der Schrift zufolge – Voraussetzung dafür, dass der Mensch dann in Freiheit »Ja« zum Handeln Gottes sagen kann.

Wenn wir DAS Ziel verfolgen, werden wir dadurch mehr und mehr wir selbst. Wir – ganz persönlich, als Gemeinschaft, als Pfarrei, Bistum, ja als Universalkirche – sind herausgefordert, in Radikalität auf Gott hin zu leben und deshalb alle Mittel daraufhin zu gebrauchen. So wird es in konkreten Entscheidungsprozessen unabdingbar sein, Zielvorstellungen, die wir in uns tragen oder die wir in Projekten und Prozessen formulieren, kritisch – im Wortsinn: mit einer hohen Unterscheidungskraft – zu prüfen: Ist eine Zielformulierung tatsächlich eine Ausprägung von DEM Ziel – oder ist sie, im ignatianischen Sinne, als »Mittel« zu verstehen. Kritisch müssen wir uns fragen, was von uns gefordert ist: der Einsatz für dieses »Mittel« oder das Loslassen um DES Zieles willen. In den konkreten

Situationen sind damit herausfordernde Entscheidungen gefordert, ohne zum Beispiel trügerischen Sicherheiten, bequemen Vorlieben und mächtigem Lobbyismus zu erliegen: Was hilft uns mehr und besser, DAS Ziel zu verfolgen? Ignatius verwendet hier das lateinische Wort »magis« als Unterscheidungskriterium für dieses »mehr und besser«. Was lässt uns tiefer in eine innere Freiheit wachsen? Und wie beurteilen wir die alternativen Wege, die sich zu DEM Ziel zeigen, denen aber unsere Emotionen noch nicht so zugeneigt sind?

Ich glaube, dass dies zu einem radikalen Wandel unserer Kultur des Entscheidens herausfordert. Zu oft gehen wir in unseren Gruppen und Gremien nach der Prämisse vor: Welche Ziele haben wir? Dann versuchen wir, in einem Prozess der Abwägung von Ressourcen zu bestimmen, wie wir diese Ziele verfolgen können. Dabei kommt es immer wieder zu Kompromissen, um die Ziele und die dahinterstehenden Interessen Einzelner oder bestimmter Teilgemeinschaften angemessen zu berücksichtigen. Doch zu oft habe ich in den vergangenen beiden Jahrzehnten erlebt, dass wir zwar feierlich von »Abschied« und »Loslassen« gesprochen und dafür auch passende biblische Bilder gefunden haben. Jedoch war es am Ende häufig so, dass jede Gruppe die ihr wichtigen Projekte in der Gesamtkonzeption unterbringen konnte und sich auf der Liste des Abschieds allenfalls einige triviale Forderungen fanden.

Diese Art des Vorgehens führt uns heute nicht mehr weiter. Darauf machen uns etwa die eklatant schwindenden Ressourcen in unserer Kirche aufmerksam. Die genannten Kompromisslösungen sind vielerorts nicht mehr möglich – jedenfalls nicht bei den finanziellen und personellen Möglichkeiten, die wir im Bistum Fulda haben. Das sind für mich klare »Zeichen der Zeit«. Sie verweisen auf das Zeugnis der Schrift. »Meine Gedanken sind nicht eure Gedanken und eure Wege sind nicht meine Wege ...«, so die Mahnung bei Jesaja (Jes 55,8). Gefordert ist für uns persönlich wie in unseren Gruppen und Gremien ein geistlicher Suchprozess – in der Auseinandersetzung mit Schrift und Tradition, mit den »Zeichen der Zeit« und mit unseren inneren Regungen: Was ist darin Auftrag und Verheißung Gottes für uns im Heute? Wo und wie kann dies im Jetzt konkret werden? Welche Entscheidung, welche Weichenstellung hilft, dass wir uns mehr – magis – auf jenes letzte Ziel hin orientieren? Was von dem, was wir bislang gerne als »unsere Ziele« formuliert haben, ist hingegen vielmehr »Mittel«, brauchbar oder nicht mehr brauchbar, um jenes, uns von Gott her vorgegebene Ziel im Heute authentisch zu leben?

Etwas Entscheidendes kommt hinzu: RADIKAL vom Ziel zum Mittel. Das meint die Bereitschaft, vom Evangelium her gedacht, bisher Liebgewonnenes radikal infrage stellen zu lassen. Dann zählt nicht mehr, wer die überzeugenderen Argumente, wer die lautere Stimme, wer die bessere Lobby oder die besseren Netzwerke hat. Eine neue Kultur der Unterscheidung und Entscheidung, die radikal dem Primat DES Zieles vor den Mitteln verpflichtet ist, kann nur dann fruchtbar werden, wenn wir ganz persönlich an unseren Haltungen und Einstellungen arbeiten. Wo muss ich meine Prioritäten kritisch hinterfragen? Kann ich zulassen, dass ein Projekt, das über einen langen Zeitraum von Bedeutung war, unter den gegenwärtigen Herausforderungen und »Nöten der Zeit« weniger dazu geeignet ist, als Kirche das Evangelium glaubwürdig zu leben, ja im Einzelfall sogar hinderlich ist? Allzu oft bauen wir auch in unserer Kirche »Lösungen« um bestimmte Hauptberufliche oder Ehrenamtliche herum, weil wir bestimmte Entscheidungen nicht treffen oder ihnen gewisse Veränderungen nicht zumuten wollen. Oder wir haben einfach Angst, jemanden in Wachstumsprozesse zu führen, die auch zu einer Entscheidung gegen »uns« und bisherige Konventionen führen kann. RADIKAL kommt von »radix«, dem lateinischen Wort für »Wurzel«. Radikal vom Ziel zum Mittel bedeutet in diesem Zusammenhang, in einem Prozess geistlicher Unterscheidung an die Wurzel zu gehen und damit auch zur Bereitschaft, eigene Motivationen und Bedürfnisse kritisch anzuschauen und sie dabei auch von anderen hinterfragen zu lassen.

Im Einzelfall kann nach einem intensiven geistlichen Ringen ein solcher Prozess der Unterscheidung und Entscheidung auch zur Scheidung führen. Einzelne – oft auch bislang sehr einflussreiche Persönlichkeiten – beharren dabei weiter auf der Wichtigkeit ihres Zieles und drohen damit auszusteigen. Das kann Druck ausüben, hier doch noch irgendeinen Kompromiss einzugehen. Aber im Blick auf DAS Ziel unserer Berufung kann es in einer solchen Situation, in der auf diese Weise Druck ausgeübt wird, keine Kompromisse geben. Hier stellt sich die zutiefst biblische Frage, ob wir dem lebendigen Gott folgen wollen oder stummen Götzen, die uns nicht zum Leben führen können. Individuelle Interessen und Anhänglichkeiten stehen in einem solchen Prozess nicht im Vordergrund. Ehrliche gemeinsame Suche nach der Führung Gottes schließt die Bereitschaft ein, die persönliche Komfortzone zu verlassen. Wo die Gefahr besteht, dass nach einem solchen geistlichen Unterscheidungsprozess jemand mit seinem oder eine bislang einflussreiche Gruppe mit ihrem »Veto« einen solchen Wachstumsprozess blockiert, sind wir herausgefordert, auf dem eingeschlagenen Weg der Unterscheidung und Entscheidung zu bleiben. Die dann ausgehaltene Spannung – oder auch Trennung – kann ebenfalls ein wesentlicher Impuls des Wachstums für diejenigen sein, die den Weg mitgehen und gegebenenfalls auch für jene, die den Weg nicht mitgehen.

Während dieses Buch zur Drucklegung vorbereitet wird, erleben die Gremien, die in Fulda auf Diözesanebene für die großen strategischen und finanziellen Entscheidungen die Mit-Verantwortung tragen, vor allem an einer »Baustelle« eine besondere Herausforderung. Der große Gebäudekomplex des Bischöflichen Priesterseminars unmittelbar hinter dem Fuldaer Dom, der die ehemaligen Gebäude der alten Benediktiner-Reichsabtei umfasst, hat seine bisherige Nutzung verloren. Eine grundlegende Sanierung ist dringend geboten. Versorgungsleitungen stammen teilweise aus der Zeit vor dem Zweiten Weltkrieg. Für das Bistum ist dieses Ensemble seit Jahrhunderten von großer Bedeutung, viele bezeichnen die Einheit von Dom und der angrenzenden Gebäude als bauliches »Herz der Diözese«. In den vergangenen Jahren wurde ein differenziertes Nutzungskonzept erarbeitet. Der errechnete Betrag für die Sanierung liegt bei einem erheblichen Prozentsatz des Jahreshaushaltes für das gesamte Bistum. Die Verantwortlichen kommen ins Nachdenken. Was bedeutet es in diesem Fall, radikal vom Ziel zum Mittel zu denken? Sind wir nicht doch zu schnell vom »Mittel«, also vom vorhandenen Gebäudebestand ausgegangen und haben für diesen eine durchaus plausible Anschlussverwertung gesucht?

Bei einer Klausur der Abteilungsleiter des Generalvikariats stellen wir uns diesen Fragen, indem wir das Prinzip »Radikal vom Ziel zum Mittel« noch einmal durchbuchstabieren. Es ergeben sich intensive und sehr ehrliche Gespräche. Dieser Prozess bringt Aspekte zur Sprache, die bislang weniger bedacht wurden. Plötzlich gibt es nicht mehr eine Fokussierung auf *die eine Lösung*, sondern eine Perspektivenweitung greift um sich, auch andere Lösungswege zu bedenken. Hatte sich die Frage zuvor auf der Ebene bewegt »Welche Wände werden wie verschoben?«, so stellen wir uns jetzt der ganz grundsätzlichen Frage nach dem Wert dieses Gebäudes für unseren Auftrag heute. Wir spüren: Dazu hat uns bisher der Mut gefehlt; wir sind im Blick auf die fünf Prinzipien eigenen Ansprüchen nicht gerecht geworden. Wir diskutieren auch die notwendigen bautechnischen Fragen. Aber zugleich blenden wir jetzt die Grundsatzfragen nicht mehr aus. Diese Lektion hat die Runde der Abteilungsleiter an diesem Tag nicht nur rational wahrgenommen, sondern geradezu physisch erlebt – und das ist neu.

Wenige Tage später beschäftigt sich auch der Kirchensteuerrat mit dem Großprojekt. Dabei handelt es sich um das aus den Regionen des Bistums gewählte Gremium Ehrenamtlicher, das den jährlichen Haushalt des Bistums verantwortet. Auch dieses Gremium hat sich das Prinzip »Radikal vom Ziel zum Mittel« zu eigen gemacht. Der Kirchensteuerrat stellt uns weitere, sehr kritische Fragen und erteilt den Auftrag, mehrere Alternativen eines Umgangs mit der Immobilie zu entwickeln. Aktuell, während ich das Manuskript dieses Buches abschließe, ist noch offen, welche Entscheidungen gefällt werden. Doch eines haben wir bereits gelernt: Gerade bei solchen Schlüsselentscheidungen kann es nicht nur die schnelle, eine Lösung des »Es geht nur so!« geben. Wir müssen uns immer in einer inneren Freiheit üben, hier in Alternativen zu denken. Nur so kommen wir schließlich DER Lösung auf die Spur, die mehr – »magis« – dem uns vorgegebenen Ziel und Auftrag dient. In *letzter* Konsequenz könnte dies auch bedeuten, die Immobilie ganz loszulassen …

Lernen wir, die Fragen in der richtigen Reihenfolge zu stellen! An erster Stelle steht die Frage: Was ist unser Auftrag? Wo zeigt sich jenes Ziel, von dem Ignatius spricht? Daran schließt sich die zweite Frage an: Durch welche Wege können wir heute diesem Auftrag gerecht werden? Erst jetzt und von den ersten beiden Fragen abgeleitet stellt sich die dritte Frage: Welche Mittel braucht es dazu?

Die erste Frage nach dem grundlegenden Auftrag ist schwerer zu beantworten, als es auf den ersten Blick scheint. Eine griffige Formulierung mit Bezug auf entsprechende Aussagen aus der Bibel mag bald gefunden sein. Doch im Konfliktfall wird dies allein nicht tragen, wenn sie nicht Ergebnis des oben skizzierten Prozesses der geistlichen Unterscheidung und Entscheidung ist. In welcher Weise haben wir mit dem »Auftraggeber« – also mit Gott – darum gerungen? Und noch etwas zeigt mir die Erfahrung der vergangenen Jahre: Fruchtbar werden solche Entscheidungsprozesse dann, wenn es in unseren Gruppen und Gremien auch solche Menschen gibt, die in ihrem eigenen Leben existenzielle Prozesse des Loslassens erlebt und verarbeitet haben.

Paulus formulierte in Milet, dass es sein Auftrag sei, »das Evangelium von der Gnade Gottes zu bezeugen«. Für ihn ist das nicht nur ein Satz, sondern dahinter steckt eine existenzielle Erfahrung. Die Frage nach der Gnade ist für ihn untrennbar verbunden mit der Art und Weise, wie er seinen Sturz vor Damaskus erlebt hat: als einen äußeren und inneren Zusammenbruch. Die Gnade Gottes hat er erfahren in der Art und Weise, wie er danach ganz anders wieder ins Leben fand. Sein Auftrag ist tief in ihm verwurzelt, weil er einen tiefen Bezug hat zu einer existenziellen Lebenserfahrung.

Hier zeigt sich, dass das, was im vorherigen Kapitel bezüglich *Kernerfahrungen* gesagt wurde, für diejenigen, die in Gremien oder als Leitende Entscheidungen zu verantworten haben, von grundlegender Bedeutung ist. Unsere Kernerfahrungen prägen uns – gerade dann, wenn es um existenzielle, herausfordernde Entscheidungen geht. Welche Erfahrungen haben wir in unserer Seele kultiviert? Wie gehen wir mit diesen Erfahrungen so um, dass sie uns in eine innere Freiheit führen? Für diese innere Freiheit, dieses Loslassen muss ich im Denken tanzen können, spielerisch sein, phantasievoll – im Letzten radikal vertrauend.

Bei unzähligen Zeuginnen und Zeugen des Glaubens waren und sind es Erfahrungen, bei denen sich auf je eigene Weise der Grundvorgang spiegelt, den einst Paulus und die Gemeinde von Ephesus erlebten: Wir mussten etwas, das uns wichtig geworden war, loslassen. Doch auf andere Weise sind wir beschenkt worden. Und wir sind daran gewachsen – als Menschen und als Glaubende in der Nachfolge Jesu. Dieser grundlegende Vorgang zeichnet die Menschen aus, von denen das Neue Testament erzählt, dass sie sich auf den Weg der Nachfolge Jesu gemacht haben. Maria bricht nach der Verkündigungsstunde auf und geht den Weg über das Gebirge zu Elisabeth. Simon, Andreas und die anderen Jünger lassen ihre Netze los und folgen Jesus. Saulus/Paulus schließlich muss wesentliche Elemente seines bisherigen Gottesbildes loslassen, um neu zu begreifen, wer der Gott ist, der sich in Jesus als dem Christus offenbart hat.

Wenn wir heute darüber nachdenken, an welchen Orten wir künftig als Kirche wie präsent sein werden, dann gehen wir oft von den bereits vorhandenen Mitteln aus. Wir taxieren den Gebäudebestand, registrieren die kirchlichen Aktivitäten, die es hier oder dort gibt und bemessen, welche strategisch wichtige Lage dieser Ort haben könnte. Mehr und mehr wächst in mir die Überzeugung, dass für die Zukunft der Kirche an einem bestimmten Ort die Frage ausschlaggebend sein wird, ob es dort Menschen gibt, die existenzielle Erfahrungen des Loslassens gemacht haben. Das sind Menschen, die dadurch eine tiefe innere Freiheit erfahren haben und die darum wissen, wo sie unerwartet und tief beschenkt worden sind. Es sind Menschen, die ähnlich wie die Schwestern damals am Kaiserstuhl in einer tiefen inneren Freiheit künftige Herausforderungen und Verlusterfahrungen angehen können.

Um nicht falsch verstanden zu werden: Es geht mir hier nicht um das Bild einer Kirche, die sich auf einen kleinen und elitären Kreis beschränkt. An vielen Orten krankt die Kirche gerade daran, dass die Vielfalt unterschiedlicher Persönlichkeiten und Zugänge zum Evangelium zu wenig erfahrbar ist. Um zukunftsfähig zu sein, ist die Kirche auf das Zusammenwirken ganz unterschiedlicher Menschen angewiesen: suchende Menschen, sowie diejenigen, die sich in bestimmten Projekten engagieren; andere, die treu über einen langen Zeitraum eine Aufgabe übernehmen; Personen, die ein waches Gespür für politische und soziale Fragen haben; Menschen des Gebets; und hoffentlich solche, die mehrere dieser Eigenschaften in sich vereinen.

Vor diesem Hintergrund lohnt es sich, darauf zu schauen, wie das Evangelium jene Menschen charakterisiert, die sich von Jesus ansprechen lassen. Hier unterscheiden sich drei Personenkreise voneinander. Da gibt es die Frauen und Männer, die ihm tatsächlich buchstäblich nachfolgen. Ihr Weg ist geprägt von einer dauerhaften und unmittelbaren Beziehung zu Jesus. Dazu gehören Frauen wie Maria von Magdala, der Zwölferkreis und weitere Personen. Dieser feste Kreis um Jesus wird nach Ostern schließlich zum Glutkern für die junge Kirche. Dann gibt es aber auch diejenigen, die mit Jesus nur phasenweise in Kontakt sind. Mit unseren Worten ausgedrückt: Sie engagieren sich »projekthaft« für Jesus. Maria und Marta in Bethanien folgen Jesus nicht in dieser Unmittelbarkeit nach. Jedoch öffnen sie ihr Haus für Jesus. Sind mit ihm solidarisch und sorgen für ihn. Schließlich gibt es viele Personen, die nur punktuell mit Jesus in Kontakt waren. Oft waren es tatsächlich Schlüsselbegegnungen. Von vielen dieser Menschen, etwa dem Brautpaar von Kana, wissen wir nicht, welche Wirkung Jesus auf sie nachhaltig hatte und wie ihr Weg weitergegangen ist. Anders als bei Simon von Cyrene oder Bartimäus kennen wir auch nicht ihre Namen. Das kann ein Hinweis darauf sein, dass diese Personen keinen Zugang zu einer der frühen christlichen Gemeinden gefunden haben.

Mir fällt auf: Gerade bei jenen Personen der ersten Gruppe, die sich um eine dauerhafte Beziehung zu Jesus bemühen, werden Fehler und Schwächen sehr anschaulich geschildert. Das Evangelium nimmt also kein »Ranking« zwischen den Gruppen vor. Alle drei Gruppen scheinen ihre unverzichtbare Bedeutung zu haben. Personen aller drei Gruppen haben eine Botschaft für die Kirche – bis heute. Das Zeugnis des namenlosen Brautpaars zu Kana wird heute in der liturgischen Leseordnung an sehr prominenter Stelle zu Gehör gebracht. Darin steckt für mich die Botschaft: Der Weg des Volkes Gottes lebt auch heute von dem, was sehr unterschiedliche Menschen einzubringen haben.

Die Kirche wird belebt durch das Zeugnis von Menschen, die – bei allen Fehlern – eine Entscheidung getroffen haben, sich auf den Weg der Nachfolge zu machen. Weiterhin haben diejenigen einen Auftrag, die sich eher projekthaft bei uns engagieren. Schließlich sollten wir aufmerksam sein, welche Botschaft die Menschen für uns haben, die nur punktuell mit dem kirchlichen Leben in Berührung kommen.

Doch unter all diesen Menschen braucht es jene, die ein waches Gespür für die Reihenfolge der oben genannten Fragen haben und die mit dem Ringen um diese Fragen persönliche und existenzielle Momente der Auseinandersetzung und des Wachstums verbinden. Die Abfahrt des Paulus aus Milet ohne den vorherigen Besuch in Ephesus stellt die Gemeindemitglieder vor eine Herausforderung, an der sie wachsen können. So betrachtet ergeben sich für uns heute angesichts der Spannungen, Traditionsabbrüche und Enttäuschungen genügend Felder, um uns in der Radikalität des Loslassens und des neu vom Herrn Beschenktwerdens zu üben.

In der Begleitung solcher Vorgänge wird es wichtig sein, dafür Sorge zu tragen, dass solche Erfahrungen für die jeweilige Person auch das entscheidende Gewicht bekommen. Entscheidend ist hier gemeint im wahrsten Sinne des Wortes – nämlich dass gerade in Phasen der Entscheidung diese grundlegende Erfahrung das ausschlaggebende Gewicht gibt. Ich mache mir da wenig Illusionen: An der Frage, was im entscheidenden Moment zählt, werden sich die Geister scheiden. Doch sind wir gerade in dieser Schärfe der Auseinandersetzung den in der Apostelgeschichte beschriebenen Wegen sehr nahe.

Die Gemeinde in Ephesus wuchs auch ohne die physische Gegenwart des Paulus weiter und bekam ihre Bedeutung. Einige Hinweise sprechen dafür. Einer der neutestamentlichen Briefe richtet sich an die Gemeinde in Ephesus. Der Legende nach verbrachte Maria, die Mutter Jesu, dort ihre letzten Lebensjahre. Später fand sogar ein Konzil in Ephesus statt. Wo wir bereit sind loszulassen, ermöglicht Gott auf andere Weise Wachstum.

So war ich auch nach dem geschilderten Abschied noch etliche Male wieder in jenem Pfarrhaus im Kaiserstuhl. Denn das Pfarrhaus blieb trotz des Auszugs der Schwestern keinen Tag leer. In den Wochen zwischen dem Abschiedsgottesdienst und dem tatsächlichen Auszug verdichtete sich eine neue Perspektive für das Haus. Die erste Idee, eine andere Schwesterngemeinschaft dort anzusiedeln, erwies sich wegen sinkender Mitgliederzahlen in fast allen Gemeinschaften als unrealistisch. Doch war ich in jenen Monaten auf verschiedene Menschen aufmerksam geworden, die die Sehnsucht hatten, ohne den verbindlichen Rahmen eines Ordens ein gemeinschaftliches Leben auf einer geistlichen Basis zu wagen. Zwei dieser Menschen, die sich zuvor nicht kannten, setzten sich nun intensiver damit auseinander, ob das nicht auch für sie ein Weg sein könne. Und so wurde der allerletzte Gottesdienst mit den Schwestern am Tag vor ihrem endgültigen Weggang zu einem besonderen Ereignis. In dem kleinen Andachtsraum unter dem Dachfirst waren neben den Schwestern und dem Ortspfarrer auch die zwei Frauen anwesend, die den Beginn der künftigen Pfarrhausgemeinschaft markierten. Wo wir loslassen, kann Gott neu und für uns kaum vorhersehbar seine Gnade schenken.

Inzwischen hat sich die personelle Zusammensetzung dieser Gemeinschaft schon wieder verändert. Wie lange diese Gemeinschaft Bestand haben wird, ist noch völlig offen. Doch in den zurückliegenden Jahren ist jenes Haus auf neue Weise ein Ort der Beherbergung und der Einkehr geworden oder – wie die Kaiserstühler sagen – ein Haus »zuem ini go«.

4. Menschen erfahren kirchliches Handeln als relevant und inspirierend

Im Juli 2023 weihe ich im Kloster Benediktbeuern einen jungen Salesianer zum Priester. Zuvor hat er längere Zeit in einer Jugendhilfeeinrichtung seines Ordens in unserem Bistum als Erzieher gearbeitet. Zugleich hatte er als Diakon in einigen nahegelegenen Gemeinden mitgearbeitet. Für beide Verantwortungsbereiche brachte er ein breites Erfahrungswissen mit. Mit Studienabschlüssen in Theologie und Sozialer Arbeit war er bereits an mehreren Brennpunkten aktiv. So hat er unter anderem mit jungen Menschen aus prekären Situationen in Lyon gearbeitet und im Sommer große Freizeiten mit benachteiligten Jugendlichen durchgeführt. Von einer solchen Freizeit berichtet er mir in einer E-Mail in den Wochen nach der Priesterweihe:

»Gestern bin ich aus Frankreich von unserem Jugendhilfecamp in den Alpen zurückgekommen, das wir jeden Sommer für Jugendliche aus verschiedenen französischen Brennpunktvierteln als Mischung von Urlaub und Sozialtraining anbieten. Das Camp war auch dieses Jahr wieder eine super Erfahrung für uns alle, vor allem aber für die Jugendlichen, die aus teilweise sehr prekären Kontexten kommen und für die die Natur der Alpen, das gemeinsame Unterwegssein und der Abstand zu ihrem Alltag einen ganz neuen Horizont eröffnen. Rucksacktour, Zelten, Klettern, Lagerfeuer und dem Wolf auf der Spur ... Für die Jungs ist das Abenteuer pur.

Da ist zum Beispiel X, ein 15-Jähriger, der bei den Unruhen vor einigen Wochen in den Vororten von Paris 24 Stunden in Polizeigewahrsam verbracht hat. Es ist faszinierend, wie er sich hier einbringt und sich jeden Morgen um das Brot zum Frühstück für die ganze Gruppe kümmert, wie er verwandelt wird durch diesen Brot-Dienst, wie er in diesem kleinen, aber treuen und sehr wichtigen Dienst, der durch sein Engagement beinahe eine eucharistische Dimension annimmt, Anerkennung, Sinn und Erfüllung findet. Es ist erstaunlich, wie er aufblüht und das Camp genießt. Ein wohlwollendes und wertschätzendes Umfeld kann so viel verändern. X eröffnet mir mit seiner Geschichte und vor allem durch seinen Brot-Dienst einen neuen Blick auf Christus, der im verwandelten Brot die Herzen der Menschen und die soziale Realität verwandelt.«

Bereits bei unseren Begegnungen im Vorfeld der Priesterweihe erzählte mir der junge Salesianer von ähnlichen Erlebnissen. Die Schilderung der Erfahrung mit X hat mich sehr zum Nachdenken angeregt. Ich glaube, in diesem Vorgang etwas zu erkennen, was ich für einen wesentlichen, hoch relevanten Auftrag und Beitrag der Kirche für unsere Gesellschaft halte. Warum? X hat in seinen jungen Jahren offenbar schon zu viel mitbekommen vom Leben. Mindestens einmal ist er auf die sogenannte schiefe Bahn geraten und landete im Polizeigewahrsam. Jetzt ist er Teilnehmer bei einem Jugendhilfecamp der Salesianer und umsichtig übernimmt er Verantwortung für einen wichtigen Dienst. Die Atmosphäre des Camps hat in ihm völlig andere Seiten geweckt, als sie zuvor bei den Unruhen in Paris erfahrbar waren. Der junge Salesianer spricht in seiner Mail von einem »wohlwollenden und wertschätzenden Umfeld«. Dazu gehört sicherlich auch, dass es im Camp weitere Bezugspersonen gegeben hat, die sich mit viel Geduld dem jungen Menschen als Gesprächspartner zur Verfügung gestellt und ihm bei den Touren zugleich sehr viel an Selbsterfahrung ermöglicht haben.

Zugegeben, wir wissen nicht, wie es mit dem jungen Menschen weitergeht. Das wird auch davon abhängen, in welcher Atmosphäre er nach der sommerlichen Erfahrung künftig lebt. Aber genau deswegen halte ich diese Momentaufnahme aus den französischen Alpen für hoch relevant. Denn jeder Mensch ist mehr oder weniger stark von sehr widersprüchlichen Erfahrungen und Gefühlen geprägt. Da gibt es die Erfahrung, nicht genügend Aufmerksamkeit gehabt zu haben, zu kurz gekommen zu sein, gedemütigt worden zu sein usw. Auf der anderen Seite gibt es die Erfahrung von Wertschätzung, von Selbstwirksamkeit und Anerkennung. Beide Arten von Erfahrungen und die damit einhergehenden Gefühle sind ein Teil von uns. Das gilt es, als unsere jeweiligen Licht- und Schattenseiten anzuerkennen. Kritisch stellt sich allerdings die Frage: Welche Seite wird auf Dauer dominant und bestimmt den Kern unseres Selbstbildes? Wo die Erfahrung, wertgeschätzt und wirksam zu sein, dominant ist, besteht die Möglichkeit, die andere Seite zu integrieren. Meine eigene

Erfahrung, zu kurz gekommen zu sein, kann in Kombination mit dem Grundgefühl, wertgeschätzt zu sein, in mir ein waches Auge dafür ausprägen, wo andere Menschen zu kurz kommen und was sie brauchen, um ebenfalls dieses Gefühl der Wertschätzung zu entwickeln.

Welche Grunderfahrung wird auf Dauer dominant? Das 19. Kapitel des Lukasevangeliums erzählt uns von Zachäus, dem Zollpächter. Er war einer aus dem Volk Israel, der aber in den Diensten der Besatzungsmacht stand und den Zoll einzog. Einen Teil davon durfte er für sich behalten, was offenbar – wie er selbst später Jesus gegenüber indirekt zugibt – dazu führte, dass er über das Soll hinaus von seinen Landsleuten den Zoll einforderte. Für die römischen Besatzer war er ein nützlicher Handlanger, der ihnen die »Drecksarbeit« abnahm. Er trug die mit der Zolleintreibung verbundenen Konflikte aus und lieferte seinerseits pünktlich die Pacht ab. Von Zachäus heißt es, dass er »klein von Gestalt war« und ihm die Menschenmenge bei der Ankunft Jesu die Sicht versperrte. Möglicherweise war das eine Grunderfahrung des Zachäus: Ich bin einer, der im wörtlichen wie im übertragenen Sinne zu kurz gekommen ist; ich bin einer, der immer in der zweiten oder dritten Reihe steht. Besatzungsmächte und Despoten machen sich gerne solche Grunderfahrungen zu Nutze. Sie suchen gezielt solche Menschen aus. Diese statten sie mit Macht über andere aus, sodass sie ihre Grunderfahrung, zu kurz gekommen zu sein, kompensieren können, indem sie ihre Macht auf je eigene Weise ausleben. Bei Jesus macht Zachäus eine andere Erfahrung. Er fühlt sich von ihm angesprochen, wertgeschätzt, ernstgenommen. Dies weckt in ihm völlig andere Seiten. So zeigt sich Zachäus als gastfreundlich und verspricht, das geschehene Unrecht wieder gut zu machen.

An dieser Stelle wird die Geschichte gerade für viele Fragestellungen unserer Tage hoch relevant und zugleich inspirierend. Die gewaltigen gesellschaftlichen und globalen Umwälzungen führen bei vielen Menschen zu einer subjektiv wahrgenommenen Grunderfahrung, zu kurz gekommen zu sein, in der zweiten oder dritten Reihe zu stehen. Sie erleben sich so, letztlich ohne größere Möglichkeit der Einflussnahme neben den großen Entwicklungen zu stehen und zugleich aber existenziell davon betroffen zu sein. Solche Erfahrungen dürfen auf keinen Fall vorschnell relativiert werden. Das wäre eine weitere Form der Zurücksetzung oder gar Kränkung. Entscheidend ist allerdings, welche Handlungsoptionen in dieser Situation ergriffen werden.

In der genannten Schriftstelle bietet uns das Lukasevangelium – wenn auch etwas versteckt – zwei Handlungsoptionen an. Es ist zum einen möglich, wie mutmaßlich durch die Besatzungsmacht geschehen, bei den erfahrenen Kränkungen und Demütigungen anzusetzen und sich die Zukurzgekommenen für die eigenen Ziele nutzbar zu machen. Die erlittene Demütigung und die gegebenenfalls dadurch provozierte Aggression werden dann anderen gegenüber ausgespielt. Anders ist dagegen das Vorgehen Jesu, das die edlen Kräfte im Menschen weckt und diese stärkt – auch dort, wo die bleibend kritischen Stimmen sich nicht zurückhalten. Wohlgemerkt: Beim Gastmahl ist zuerst davon die Rede, dass sich diejenigen, die die Szene beobachtet haben, darüber empörten. Und dennoch: Vor diesem Hintergrund trifft Zachäus die Entscheidung, das zu viel Verlangte zurückzuzahlen – mutmaßlich auch an einige derjenigen, die sich gerade von seinem Fenster empören.

Welche Option ergreife ich in solch einer Situation? Instrumentalisiere ich Demütigungen anderer für eigene Zwecke oder schaffe ich eine Atmosphäre, in der – wie bei Zachäus – ganz andere, positive Kräfte im Menschen geweckt werden? Hier berühren sich meines Erachtens biblische Grunderfahrungen mit drängenden, aktuellen Fragen der Politik. Es fällt auf, wie offensiv extremistische Politiker in ihrer politischen Agenda bei Kränkungserfahrungen ansetzen und so Menschen in ihren Ängsten instrumentalisieren und radikalisieren können. Faschistoide Agenden versuchen, aus dem Leid von Gekränkten und Betroffenen eigenes politisches Kapital zu gewinnen, ohne den Leidtragenden eine langfristige Perspektive anzubieten. Aus der Zuschreibung von Schuld wird oft eine Gesamtbewertung oder vielmehr Gesamtabwertung bestimmter Menschen und ganzer Gruppen.

Die Ermordung des Regierungspräsidenten Walter Lübcke, die Anschläge in Hanau und weitere politische

Radikalisierungstendenzen prägen meine Amtszeit als Diözesanbischof. Für die katholische und die evangelische Kirche in unserer Region sind diese dramatischen Ereignisse eine deutliche Mahnung und ein Auftrag, auch in Zeiten großer Herausforderung einen gemeinsamen Beitrag für den Zusammenhalt in der Gesellschaft und für die Anerkennung der Würde jedes Menschen zu leisten.

Das erinnert mich an eine Beobachtung aus der Zeit der Corona-Pandemie. Gerade in der ersten Phase des Lockdowns waren Zusammenkünfte sehr reglementiert. Dies verhinderte die klassischen Formen kirchlicher Jugendarbeit, also Gruppenstunden oder Ferienfreizeiten. Mich hat berührt, wie kreativ vor diesem Hintergrund Gruppierungen in unserem Bistum wurden, um einerseits die Regelungen zum Schutz vor Ansteckung umzusetzen und andererseits den Kindern und Jugendlichen ein Programm zu bieten. Vieles wurde dafür entwickelt: Online-Formate und später auch Formen des Beisammenseins unter Einhaltung der Abstandsregeln. Ich bin überzeugt, viele der Kinder und Jugendlichen, die von diesen Projekten erreicht wurden, haben dabei eine ganz wichtige Botschaft mitgenommen: In einer Zeit, in der wir alle sehr herausgefordert sind, gibt es Menschen, die nehmen unsere Sorgen und Nöte wahr, sie beschäftigen sich damit, was es für ein Kind, eine Jugendliche bedeutet, die Freunde nicht mehr treffen zu können. Da gibt es Menschen, die arbeiten daran, ganz neue Formen zu finden, die diese Einsamkeit überwinden. Das ist eine Grunderfahrung von Wertschätzung in einer extremen Lebenssituation.

Diesen Geist brauchen wir auch jenseits der Pandemie bei der Frage, wo wir in unseren Gemeinden, in unserem Bistum Schwerpunkte setzen. Die Pandemie hat gezeigt, wie schnell hier reagiert werden konnte, ohne sich von langfristigen Jahresprogrammen und eingefahrenen Traditionen lähmen zu lassen. Relevant und inspirierend sind wir da, wo wir in der Lage sind, dies zugunsten der Frage auf den Prüfstand zu stellen: Was ist jetzt von uns gefordert? Wer und wessen Bedürfnisse fordern uns jetzt heraus?

Es geht dabei nicht nur um das einzelne Angebot, das als Wertschätzung wahrgenommen wird, sondern auch darum, wie wir uns organisieren, wie wir uns in den »politischen Prozess« einbringen, Entscheidungen beeinflussen und Strukturen prägen können. Es war eine der ganz besonderen Dynamiken der Corona-Pandemie: In einer Situation größter Verunsicherung und Überforderung kam es sehr schnell zu kreativen Angeboten der Jugendarbeit, die tatsächlich Kinder und Jugendliche positiv erreicht haben. Zugleich waren diese Angebote eine Form von positiver Öffentlichkeit, die verdeutlicht haben: Wir wurden in unseren Anliegen und Bedürfnissen zwar noch zu wenig wahrgenommen – aber wir können euch positiv zeigen, wie in den Grenzen der Pandemie auch unsere Bedürfnisse zum Zug kommen können! Das waren Prozesse, in denen Kirche als relevant und inspirierend wahrgenommen wurde –

nicht aufgrund eines Masterplans, sondern durch qualifiziertes Handeln, das auch auf den politischen Prozess eingewirkt hat.

Es bleibt eine der drängenden Herausforderungen: Wie reagieren Menschen auf Kränkungen, die sie als sehr einschneidend erlebt haben? Wie handeln Personen in Situationen, die ihnen Grenzen setzen, die sie selbst nicht unmittelbar beeinflussen können? Wie reagieren wir als Gesellschaft auf Veränderungen, die nicht mehr linear verlaufen, sondern unberechenbar, unüberschaubar, exponentiell? In aller Bedrängnis gibt es gleichwohl immer unterschiedliche Möglichkeiten der Reaktion und des eigenen Handelns.

Bereits in den Schriften des Alten Testamentes zeigt sich eine Dynamik, die für uns zukunftsweisend ist. »Ich habe das Elend meines Volkes in Ägypten gesehen und ihre laute Klage über ihre Antreiber habe ich gehört. Ich kenne sein Leid.« (Ex 3,7) Im Dialog des Mose mit dem Herrn am brennenden Dornbusch werden verdichtet wichtige Erfahrungen des Volkes Israels bei seinem Ringen um den rechten Weg beschrieben. Mose wird dargestellt als jemand, der durch seine besondere Stellung am Hof des Pharaos selbst in das schuldhafte Geschehen von Unterdrückung verstrickt ist. Eines Tages sieht er, wie ein Aufseher einen Hebräer schlägt. Jetzt glaubt er, Verantwortung für sein Volk übernehmen zu können. Doch was hier geschieht, kann auch als Heimtücke gedeutet werden. Der Aufseher wird Mose als Mitglied des Hofes erkannt haben und ihm arglos begegnet sein. Mose erschlägt den Aufseher. Seine spontane Tat verschafft ihm allerdings keine Anerkennung im eigenen Volk. Statt dort als Held gefeiert zu werden, erlebt er eine unerwartete Distanzierung. Das kann ihn gekränkt haben – auf jeden Fall hat es handfeste Folgen. Denn nun gehört er weder zum Volk der Unterdrücker noch zu den Unterdrückten und muss das Land verlassen.

Bei seinem Schwiegervater Jitro versucht er, ein neues Leben zu führen. Die persönliche Erfahrung der Ausgrenzung, die Folgen seines eigenen Handelns und das fortgesetzte Unrecht an seinem Volk scheinen für den Moment ausgeblendet. Da holt ihn die Realität am Rande der Steppe wieder ein.

Wir können das, was nun geschildert wird, als Richtschnur für alle deuten, die künftig im Gottesvolk Verantwortung übernehmen: Mose ist vor der eigenen Schuld, der eigenen Kränkung und deren möglichen Folgen davongelaufen. Der heimtückische Mord war ein Zivilisationsbruch. Nun findet sich Mose buchstäblich jenseits der Zivilisation wieder. An jenem Tag der Begegnung am Dornbusch hat er die Schafe »über die Steppe« hinausgetrieben, also über das bewohnbare Gebiet, über die Zivilisation hinaus. Jetzt wird er neu mit seiner Geschichte konfrontiert. Wer Leitung übernehmen will, muss sich mit seiner eigenen Geschichte konfrontieren lassen, mit den eigenen Abgründen und mit den eigenen Kränkungen. Er muss verstehen, wohin ihn diese Geschichte gebracht hat, möglicherweise an den Rand der Zivilisation oder auch darüber hinaus. Wo diese Auseinandersetzung nicht geschieht, besteht die Gefahr, dass Leitungshandeln fortgesetzt einen Zivilisationsbruch fördert oder zumindest begünstigt.

Im brennenden Dornbusch begegnet Mose Gott, der auf das Elend der Menschen schaut und ihre Klage hört. Diese Schilderung im Buch Exodus hält Mose und mit ihm denjenigen einen Spiegel vor, die künftig im Volk Leitung übernehmen. Verantwortung bedeutet, genau hinzuschauen und hinzuhören. Leid und Klage dürfen nicht relativiert werden.

Mose erhält einen klaren Auftrag: »Und jetzt geh! Ich sende dich zum Pharao. Führe mein Volk, die Israeliten, aus Ägypten heraus.« (Ex 3,10) Doch dieser Auftrag ist längst nicht die ganze Botschaft – und das ist sehr entscheidend für den weiteren Weg des Mose wie des Gottesvolkes. Der Erfüllung des Auftrages geht eine wesentliche Erfahrung voraus: Es ist die Erfahrung, dass Gott sich selbst seinem Volk zuwendet, die Erfahrung, dass Gott selbst an seinem Volk handelt. Diese Linie zieht sich durch alle Schriften des Alten wie des Neuen Testamentes. Darin besteht das entscheidend Andere, das fortan den Weg des Gottesvolkes prägen soll. Gebrochenheit, Verletztheit und Schuldhaftigkeit haben den Menschen geprägt. Aber sie beschreiben nicht sein innerstes Wesen. Der Mensch ist mehr als das Produkt einer Geschichte von Verletzungen. Sonst bliebe ihm nur die Möglichkeit zum Zurückschlagen oder zur Flucht. Vielmehr ist der Mensch nach biblischem Verständnis zuallererst derjenige, dem sich Gott zuwendet. Er ist bei all seiner Gebrochenheit jemand, der sich als beschenkt erfahren darf. Diese Grunderfahrung soll dem biblischen Zeugnis zufolge den Kern seines Selbstbildes und die zentrale Motivkraft seines Handelns ausmachen.

Was für Israel personifiziert in der Gestalt des Mose veranschaulicht wird, wird im Neuen Testament für die junge Kirche insbesondere und sehr ausführlich mit denjenigen in Verbindung gebracht, die in der wachsenden Gemeinschaft eine exponierte Verantwortung haben: Petrus und Paulus sowie Thomas, der das Evangelium der Überlieferung nach bis nach Indien tragen wird. Petrus scheitert an seinem Anspruch der Treue zu Jesus in der Nacht der Gefangennahme. Dreimal verleugnet er ihn. Sein Selbstbild des treuen Jüngers ist jählings zerbrochen. Bei ihm führt sein eigenes Verhalten mutmaßlich zu einer tiefen Kränkung. Dem 21. Kapitel des Johannesevangeliums zufolge schließt sich daran aber ein Heilungs- und Wachstumsprozess an. Zunächst erfährt Petrus sich durch den unerwarteten Fischfang am heimatlichen See herausgefordert aber zugleich reich beschenkt. Es folgt ein Mahl am Ufer des Sees. Petrus wird dieses Mahl an das letzte Abendmahl mit Jesus und an sein Versprechen erinnert haben, dem Herrn treu zu bleiben – das er aber wenig später gebrochen hat. Nach diesem österlichen Mahl am See – und nicht etwa als dessen Voraussetzung – wird Petrus vom Herrn die Frage nach seiner Liebe gestellt. In der dreimaligen Frage klingt der dreimalige Verrat an. Der Verrat markiert so nicht das Ende der Beziehung zwischen Jesus und Petrus, sondern wird aufgegriffen, verwandelt und damit auf eigene Weise Teil der österlichen Beziehungsgeschichte von Petrus und Jesus. Die vorbehaltlose Liebe des Auferstandenen ist stärker und weckt in Petrus sein Edelstes, seine eigene Liebesfähigkeit.

Thomas dagegen kann dem Glauben derjenigen, die am Ostertag dem Auferstandenen begegnet sind, nicht folgen und wird trotz all dessen, was er mit Jesus erlebt hat, zum Zweifelnden. Schließlich darf er die Wunden Jesu berühren. Der Auferstandene zeigt sich ihm als Verwundeter. Die physische Nähe wird zum Ausdruck seelischer Nähe. Denn in den Wunden Jesu kommt Thomas auch mit seinen eigenen Wunden und Verletzungen in Berührung. Diese – so darf er erfahren – haben jetzt ihren Platz in der Beziehungsgeschichte mit Jesus.

Paulus schließlich verfolgt die junge Christengemeinde und muss dann erkennen, dass sein Glaube in einer Weise verhärtet ist, dass er todbringend ist. Auch hier werden Grenzen, Schuld und Versagen derjenigen, die fortan im Volk Gottes Verantwortung tragen, klar benannt. Paulus bekennt selbst, wie er die Kirche Gottes verfolgte (vgl. Gal 1,13 und 1 Kor 15,10). Zugleich wächst in ihm ein neues Bild von ihm selbst. Was er jetzt tut, wie er Verantwortung übernimmt, das tut er als ein von Gott Beschenkter: »Doch durch Gottes Gnade bin ich, was ich bin, und sein gnädiges Handeln an mir ist nicht ohne Wirkung geblieben.« (1 Kor 15,10)

Als Kirche haben wir – leider! – unzählige Gründe, um auf schuldhaftes Versagen zu blicken, um das Elend derer, die davon betroffen sind, zu sehen, zu hören und uns darum zu kümmern. Für diejenigen, die heute in der Verantwortung stehen, ist das sehr oft eine große Herausforderung. Da kommt die Frage auf: Warum muss ich schon wieder Rede und Antwort stehen für Vorgänge, die sich längst vor meiner Zeit oder an ganz anderen Orten zugetragen haben?

Das Alte wie das Neue Testament zeigen uns hier eine andere Spur auf. Keine Relativierung des Geschehenen, aber auch keine Flucht aus der Verantwortung und kein bloßes Zurückschlagen. Sondern getragen von der Erfahrung, selbst zutiefst beschenkt zu sein, kann eine innere Freiheit wachsen, die sich in engagierter Gelassenheit der Probleme und vor allem der Menschen annimmt. Ich bin überzeugt: Die gegenwärtige Situation der Kirche birgt in sich auch eine Chance, tiefer in diese Haltung des Paulus und unzähliger anderer Zeuginnen und Zeugen des Glaubens hineinzuwachsen. Relevant und inspirierend sind wir als Christen nicht einfach dann, wenn wir wieder ein neues Projekt starten, sondern wenn wir in unserer Verantwortung jene Haltung zum Vorschein treten lassen, die uns immer wieder in der Bibel begegnet: Menschen wie Paulus erfahren sich bei allen Widrigkeiten als zuallererst Beschenkte, Begnadete. Dies ermöglicht ihnen eine innere seelische Freiheit, die ihr Handeln bestimmt und ihnen wie auch denen, mit oder für die sie handeln, eine neue Perspektive öffnet.

»Mensch bist du wertvoll« – so hieß ein großes christliches Jugendfest, an dem ich vor vielen Jahren als Neupriester teilgenommen habe. Wenn wir uns in unseren Gremien in der Unterscheidung von Ziel und Mittel üben müssen, so geht es hier bei der Frage nach dem Ziel um die Würde, um den Wert und um das Geheimnis, das der Mensch selbst ist. Der Mensch steht heute – wie in den Zeiten des Zachäus – in der Gefahr, für politische Agenden verzweckt, ja missbraucht zu werden. Dem gegenüber steht das Handeln Jesu, der Zachäus nicht nur auf dem Weg in sein Haus begleitet, sondern ihn dadurch anregt, Räume und Schätze in seiner Seele zu entdecken, von denen dieser bislang noch wenig Kenntnis hatte.

Wenn wir als Kirche in dieser Gesellschaft relevant und inspirierend wirken wollen, dann gilt es, hier Schwerpunkte zu setzen. Kritisch-unterscheidend müssen wir in unseren Gremien der Frage nachgehen: Wo entdecken wir Räume, in denen das bereits gelingt? Wo ist unsere Verantwortung gefordert, solche Räume zu stärken? Hier geht es als Kirche um einen Dienst am Menschen und an der Gesellschaft, ohne nach dem eigenen »Profit« zu fragen. Von Zachäus wird nicht geschrieben, dass er – oder andere, die in dieses Geschehen involviert waren – später Jesus nachfolgten. Diesen Anspruch hatte Jesus an dieser Stelle offenbar nicht. Dennoch wird das Handeln Jesu Folgen gehabt haben. Und die Jünger, die das miterlebt haben, werden eine Ahnung davon bekommen haben, was Jesus meint, wenn er davon spricht: »Ihr seid das Salz der Erde.« (Mt 5,13)

5. Not sehen und handeln und zum Handeln ermächtigen

Die Frühstückspension war schon in die Jahre gekommen. Das Gebäude war im ersten Boom des Schwarzwaldtourismus in den Nachkriegsjahrzehnten errichtet worden. Schließlich hatten die Besitzer den Betrieb aufgegeben und den Bau an die in Gengenbach ansässigen Franziskanerinnen vom Göttlichen Herzen Jesu verkauft. Die Schwestern wagten ein Projekt, das damals, Ende der 80er Jahre, noch kein Vorbild hatte. Inspiriert durch das Lebenszeugnis des Franz von Assisi fragten sie sich: Wo sind die Armen unserer Tage? Wer ist in bedrängender Weise an den Rand der Gesellschaft geraten? Ihre Aufmerksamkeit richtete sich auf Menschen, die vom HI-Virus infiziert waren. Damals, wenige Jahre nach Entdeckung der Krankheit, war dies in vielen Fällen ein Todesurteil. Viele aus der Schwesternkongregation waren examinierte Pflegerinnen und hatten jahrzehntelang in Krankenhäusern oder in der häuslichen Pflege gearbeitet. Eine wegweisende Entscheidung wurde getroffen und 1990 im abgelegenen Schwarzwaldtal eines der ersten AIDS-Hospize errichtet, das Haus »Maria Frieden«.

Die Eröffnung fiel in eine Phase, in der bereits deutlich absehbar war, dass in der Schwesternkongregation ein enormer Schrumpfungsprozess begonnen hatte. Es gab kaum noch Neueintritte. Starke Jahrgänge kamen ins Pensionsalter. Gemessen an der Größe der Gesamtgemeinschaft wuchs der Anteil der Schwestern, die selbst pflegebedürftig wurden und versorgt werden mussten. Folglich hatten die Schwestern eine Reihe von Niederlassungen bereits aufgegeben und Kräfte konzentriert.

Trotzdem investierten sie Geld und Personal in das neuartige Projekt eines AIDS-Hospizes. Damit standen sie ganz in der Tradition ihrer Gründerinnen. Die ersten Frauen, die sich zu einer Gemeinschaft zusammengefunden hatten, entwickelten einen großen Pioniergeist, um oft gegen Widerstände der staatlichen Autorität – im sogenannten Kulturkampf – Initiativen zum Dienst am Nächsten zu starten. Sie waren an vielen Orten die ersten, die in Dörfern und Städten die Vorläufer heutiger Sozialstationen, Kindergärten und Kliniken aufbauten und Standards häuslicher Pflege etablierten. Junge Frauen mit nur begrenzter Schulbildung erhielten die Möglichkeit, eine Ausbildung zu absolvieren – für die damalige Zeit eher ein Pionierprojekt.

Trotz eigener Grenzen Neues wagen, mit Pionierprojekten vorangehen und andere soziale Akteure und Institutionen damit inspirieren und zum Handeln ermutigen: Dieses Ethos verband die Schwestern 1990 mit ihrer Gründerinnengeneration. Wie ihre Vorgängerinnen wollten sie aus dem Geist ihres Ordens Impulse setzen. Dass andere Organisationen innerhalb und außerhalb der Kirche ihre Ideen kopierten, war durchaus erwünscht. So wollten sie eine Kultur prägen, die vor allem jene in den Blick nimmt, die besonders verletzlich

sind. Allerdings zeigt sich gerade bei solchen Pionierprojekten häufig, dass hier begleitend zum eigentlichen
Projekt einiges an Kulturarbeit im Umfeld und weiteren
Kontext zu leisten ist. Da gibt es etwa Ängste in der Bevölkerung: Was für Menschen kommen da in unser
Dorf und welches Bild von unserem Ort werden sie prägen? Die Akteure sind herausgefordert, ihr ganzes Gewicht und ihren guten Ruf in die Waagschale zu wer-
fen. In der Regel ist es ein langer Weg, bis dann auch
die Menschen vor Ort mit einem gewissen Stolz sagen:
»Das ist auch unser Projekt, das gehört fest zu unserem
Ort.« Das ist im Schwarzwald gelungen.

Mich lässt auch dieser Vorgang tiefer blicken, nämlich
auf den Ritus der Fußwaschung, wie wir ihn am Gründonnerstag etwa im Dom zu Fulda begehen. Unter den
Personen, denen ich dem Ritus gemäß die Füße wasche,
sind vor allem Verantwortliche unserer sozial und cari-
tativ engagierten Verbände. Im Johannesevangelium
wäscht Jesus den Jüngern die Füße und gibt ihnen damit den Auftrag: »Ich habe euch ein Beispiel gegeben,
damit auch ihr so handelt, wie ich an euch gehandelt
habe.« (Joh 13,15) Dieses Wort Jesu beschreibt das
Ethos vieler, die sich in den kirchlichen Hilfswerken im
Dienst am Nächsten engagieren. Das Handeln Jesu ist
ihnen ein unmittelbares Vorbild. Doch zugleich waren
und sind unsere Hilfswerke ihrerseits inspirierend für
weitere Akteure innerhalb und außerhalb der Kirche.
    Gleichwohl erleben sich die unterschiedlichen Ak-
teure im sozialen Sektor bisweilen als Konkurrenten,

etwa wenn es um die Vergabe von Trägerschaften und knappen Fördermitteln geht oder bei der Frage, welche Leistungen angeboten werden, die durch das Sozialsystem nicht honoriert werden, aber von unserem kirchlichen Profil her als wichtig erachtet werden. Das Wort Jesu vom »Beispiel« kann dabei im konkreten Einzelfall die Perspektive erweitern – nämlich als Perspektive der Dankbarkeit, dass andere Akteure unser Anliegen aufgreifen und in der ihnen eigenen Art verwirklichen. Zu dieser Perspektive gehört dann allerdings auch der kritische Blick und die kritische Nachfrage: Werden auch dort Standards eingehalten, vor allem im Umgang mit den Mitarbeitenden und mit den Zielgruppen, die unserem beispielgebenden Ethos entsprechen? Und ist uns selbst diese Übertragung von Beispiel und Nachahmung eine bleibende Verpflichtung, die Qualität der Umsetzung unseres eigenen Ethos wachsam zu überprüfen? Der Ritus der Fußwaschung am Gründonnerstag kann ein jährlicher Merkposten sein, in der Runde der Verantwortlichen in unseren Gruppen, Gremien und Verbänden sich diese Frage wechselseitig zu stellen.

In gewisser Analogie zur Situation der Kongregation vor gut 30 Jahren sind wir auch im Bistum Fulda herausgefordert, unsere schwindenden finanziellen Ressourcen und personellen Möglichkeiten zu konzentrieren. Dies gilt auch für den caritativen Bereich. Angeregt durch den Weg, den die Schwestern in meiner Heimat gingen, stellt sich mir die Frage: Wo sind wir gefordert – exemplarisch, pionierhaft, kulturprägend? Viele Kindertagesstätten und Pflegeeinrichtungen werden wir hoffentlich weiterführen können. Anerkennend dürfen wir feststellen, dass es neben der Kirche vermehrt weitere Trägerorganisationen gibt, die in denselben Bereichen mit großer Sorgfalt und hoher Professionalität tätig sind.

Wo setzen wir neue Akzente und regen andere an, in diesen Bereichen ebenfalls eigene Projekte zu entwickeln? Mitten in der Corona-Zeit weihe ich in Fulda ein neues Wohnpflegeheim der Caritas ein. Beim Rundgang begegne ich den älteren Bewohnerinnen und Bewohnern mit geistiger Behinderung. Die Herausforderung des Umgangs mit hochaltrigen Menschen mit Behinderung ist in Deutschland relativ neu. Menschen mit angeborener Behinderung, die bei Drucklegung dieses Buches älter als 80 Jahre sind, müssen in der Zeit des NS-Regimes couragierte Helferinnen und Helfer gehabt haben, die sie vor dem Massenmord der Schergen Hitlers bewahrt haben. Das waren leider nicht viele. Und so erleben wir erst jetzt eine Generation hochaltriger Menschen mit Behinderung. Leben im Alter für diese Menschen als lebenswert zu gestalten hat eine Botschaft hinein in die Gesellschaft: Leben mit Behinderung ist lebenswert – bis ins hohe Alter!

Kurze Zeit nach meiner Amtseinführung in Fulda wurde ich eingeladen, Botschafter bei den Kleinen Riesen Nordhessen e. V. zu werden. Dabei handelt es sich um ein Netzwerk von Pflegenden, Ärzten, Psychologinnen und weiteren Engagierten, die es sich zur Aufgabe gemacht haben, Familien mit schwerstkranken Kindern darin zu unterstützen, ihr Kind zuhause zu pflegen. Das Netzwerk selbst hat keinen unmittelbaren kirchlichen Bezug. Allerdings sind viele der Aktiven in der evangelischen oder katholischen Kirche engagiert. Christlich-caritatives Engagement lebt längst nicht nur dort, wo Kirche »außen draufsteht«. Auch dies gehört zum Kernauftrag kirchlichen Handelns: Menschen zu ermutigen und zu ermächtigen, auch in Organisationsformen außerhalb der Kirche caritativ-diakonisch tätig zu sein.

Im Mai 2022 nimmt mich das ambulante Palliativteam der Kleinen Riesen mit zu den allwöchentlichen Hausbesuchen. Dabei bekomme ich Einblicke in Situationen von Familien, die mich tief und nachhaltig berühren. So komme ich zu einer Familie, deren erstes und damals einziges Kind vor Jahren nach schwerer Krankheit verstorben war. Einige Jahre später wird ihr Kinderwunsch erneut erfüllt – ein zweites Kind wird geboren. Doch es leidet von Geburt an unter schwersten Beeinträchtigungen. Die Szene anlässlich meines Besuches werde ich wohl mein Leben lang nicht mehr vergessen: Die Eltern sorgen mit viel Liebe und Elan für das Kind, das rund um die Uhr auf Hilfe angewiesen ist. An der Wand hängen Fotos des ersten Kindes. Auf diesen Bildern ist der fortschreitende Krankheitsprozess deutlich zu beobachten. Dennoch strahlen die Eltern ein großes Maß an Hoffnung und Zuversicht aus.

Wenige Wochen nach meinem Besuch erreicht mich die Nachricht vom Tod des zweiten Kindes dieser Familie. Als ich der Familie in einem Brief mein Beileid ausdrücke, kann ich nur erahnen, was in den Eltern jetzt vorgeht: Das zweite Kind, lange Zeit der Lebensmittelpunkt, ist gestorben, der Kinderwunsch aber ist bleibend und sehr schmerzvoll vorhanden.

Einige Monate später veranstaltet die Katholische Akademie des Bistums Fulda einen Abend, an dem wir die Arbeit der Kleinen Riesen vorstellen und unsere Eindrücke schildern. Unter den Zuhörenden entdecke ich auch die Eltern der beiden verstorbenen Kinder. Spontan geben sie Zeugnis von ihrem Weg, von ihrem Schmerz, von ihrer Leidensgeschichte. Ihnen scheint auch klar, dass sie wohl kaum mehr weitere eigene Kinder haben werden. Dennoch geht von ihnen an diesem Abend – beim Statement und beim anschließenden persönlichen Gespräch – eine ungewöhnliche Kraft und Zuversicht aus. Viele Anwesende und auch mich beeindruckt das nachhaltig.

Keine Frage: Im Trauerprozess, der sicherlich lange andauern wird, werden die Eltern viele Höhen und Tiefen durchleben. Aber sie haben in dieser existenziellen Situation durch die Kleinen Riesen ein hohes Maß an Solidarität und Unterstützung erfahren. Dadurch fühlten sie sich ihrem Schicksal nicht einfach ausgeliefert, sondern wurden zu Handelnden in der Sorge um ihr Kind und in der Sorge füreinander. Ihnen wuchs auf diese Weise eine Kraft zu, mit der sie – etwa beim Statement in der Katholischen Akademie – auch anderen Menschen Mut machen können. Hier wird für mich mit Händen greifbar, was »Zum Handeln ermächtigen« bedeutet: diese Art von »Kettenreaktion«, dass Menschen Solidarität erfahren, um sich angesichts großer Schicksalsschläge nicht als »Ausgelieferte«, sondern als Subjekte, als Handelnde und als Beteiligte zu erfahren. Dabei wächst ihnen bisweilen eine Kraft zu, mit der sie anderen Menschen Mut zusprechen können, trotz und gerade wegen aller eigenen Gebrochenheit.

Das Beispiel der Kleinen Riesen hat mich nachdenklich gemacht, wenn es um konkrete Schwerpunktsetzungen, Entscheidungsprozesse oder zunächst einmal Wahrnehmungen unserer verantwortlichen Gremien geht. Was hier in freien Initiativen und auch darüber hinaus privat von Mensch zu Mensch geschieht, ist im Lichte des Evangeliums betrachtet hochgradig relevant. Hier vollzieht sich authentisch das, was uns vom Evangelium aufgetragen ist. Kritisch gefragt: Wo haben solche Erfahrungen und Beobachtungen in unseren Gremien ihren Raum? Geistlich unterscheiden und entscheiden bedeutet zunächst einmal wahrnehmen, wahrnehmen und nochmals wahrnehmen.

Bei Begegnungen mit Pfarrgemeinderäten übernehme ich zu Beginn gerne den geistlichen Impuls. Der sieht dann einfach so aus: Nach einer Einleitung und einem Gebet rege ich zu einigen Minuten Stille an. Ich bitte die Anwesenden der Frage nachzugehen: Welche Begegnung hier im Bereich der Pfarrei in den vergangenen drei Wochen hat mich besonders berührt? Anschließend bitte ich die Anwesenden, reihum kurz von ihren Erfahrungen zu erzählen. Wenn 20 bis 30 Personen von solchen Erfahrungen erzählen, dann braucht dies zwar ein gutes Maß an Zeit. »Haben wir diese Zeit angesichts all der Themen, die wir bearbeiten müssen?«, so lautet bisweilen die kritische Nachfrage gerade von hauptberuflicher Seite. Doch durch eine solche Erzählrunde entsteht dann ein neues Bild des Sozialraums, in dem das Gremium Verantwortung trägt. In der Regel stellt sich nach einer solchen Austauschrunde Dankbarkeit ein, denn es werden oft Begegnungen geschildert, die von Wachstum und Hoffnung erzählen. In einem weiteren Schritt stelle ich die Frage: Zeigt sich in dem, was wir gehört haben, bei einzelnen Beiträgen oder gar bei mehreren Eindrücken, eine Spur, ein Impuls, wo wir als Kirche, als verantwortliches Gremium zum Handeln aufgefordert sind?

In unseren Gremien sind wir es gewohnt, Tagesordnungen abzuarbeiten. Anträge müssen frist- und formgerecht eingereicht und entsprechend aufgearbeitet werden. All das hat seine Berechtigung. Aber oftmals führt das zu einer Dynamik, dass das, was in den hier geschilderten Erzählrunden zutage tritt, höchstens am Rande und in Pausengesprächen Thema ist und folglich oft ohne Konsequenzen bleibt für die Weiterarbeit des Gremiums. Es wird dann davon gesprochen, dass wir die wenige Zeit – zumal von Ehrenamtlichen – doch konzentriert auf das Eigentliche zu richten haben; oder die Situation wird mit einer Polemik gegen den »Sitzungskatholizismus« oder die Praxis der »Laber-Gremien« überspielt. Die Einwände greifen allerdings nicht, denn was hier geübt wird, gehört zum Kulturgut der ersten Generation der christlichen Gemeinde, die sich wesentlich als Erzählgemeinschaft verstanden hat und dafür offensichtlich eine verbindliche Form gefunden hat: Das Erzählen, das sich auf das Ineinander von menschlicher Erfahrung und Handeln Gottes konzentriert, führte zu den entscheidenden und frühen Strukturen der jungen Kirche.

Die Apostelgeschichte überliefert die ganz konkreten Situationen. Eine konfliktreiche Situation, in der es um die Versorgung der Witwen geht, führt zu neuen Strukturen innerhalb der Gemeinde, auch weil sich viele emotional einbringen (vgl. Apg 6). Über die Taufe des Kornelius erzählt Petrus den Aposteln und den Brüdern in Judäa, und diese Erfahrung begründet die Entscheidung, dass die Heidenmission legitim ist: »Als sie das hörten, beruhigten sie sich, priesen Gott und sagten: Gott hat also auch den Heiden die Umkehr zum Leben geschenkt.« (Apg 10–11, hier Apg 11,18) Ich bin der Überzeugung, dass wir das ernstnehmen müssen, was für Paulus und Barnabas am Ende der ersten Missionsreise in Antiochien ausschlaggebend war: »Als sie dort angekommen waren, riefen sie die Gemeinde zusammen und berichteten alles, was Gott mit ihnen zusammen getan und dass er den Heiden die Tür zum Glauben geöffnet hatte.« (Apg 14,27) Wenig später wiederholt sich der Vorgang in Jerusalem: »Bei ihrer Ankunft in Jerusalem wurden sie von der Gemeinde und von den Aposteln und den Ältesten empfangen. Sie erzählten alles, was Gott mit ihnen zusammen getan hatte.« (Apg 15,4) All das ist nicht einfach eine unverbindliche geistliche Übung, sondern die Grundlage für einen anspruchsvollen Prozess der Unterscheidung und Entscheidung. Im Fokus der Erzählgemeinschaft ist das vielfältige menschliche Handeln während der ersten Missionsreise, in dem sich das Handeln Gottes vollzieht und erfahrbar wird. Diese Art von Erzählen führt in einen diskursiven, auch konfliktreichen Austausch über den Auftrag und die Sendung der Kirche. Dieses Ringen – dem »Not sehen und handeln« verpflichtet, und zum Handeln ermächtigend – wünsche ich mir auch in unserem Gruppen und Gremien im Blick auf die Bandbreite der sozial-caritativen wie auch der geistlich-pastoralen Bedürfnisse und entsprechender Erfahrungen in der Gemeinde.

Während der Corona-Pandemie haben wir alle die Erfahrung gemacht, was es bedeutet, gewohnte Tagesordnungen auf die Seite zu legen und auf die aktuellen Herausforderungen zu reagieren. Wir haben vom »neuen Normal« gesprochen. Mitarbeitende der Caritas haben auch jenseits der Pandemie sehr viel Erfahrung mit dem »neuen Normal«: wenn eine Familie nach Wohnungsbrand plötzlich obdachlos dasteht, eine Flüchtlingsunterkunft eingerichtet werden muss oder auf internationaler Ebene auf einen Katastrophenfall reagiert werden muss. In der Regel geschieht dies schnell und ohne großen Vorlauf, jedoch in der Haltung »Das ist jetzt dran, hier sind wir heute gefordert – und zwar ganz konkret«.

Unsere Caritasverbände, der Malteser-Hilfsdienst, die Caritas-Ausschüsse in unseren Pfarreien, das sozialcaritative Engagement unserer Verbände und ungezählte, sehr verbindliche private Initiativen sind nicht nur konkrete Hilfe, sondern auch das caritativ-diakonische Gewissen der Kirche. Sie schärfen unsere Wahrnehmungsfähigkeit und decken blinde Flecken im Blick auf die Nöte unserer Zeit auf: Worauf haben wir als Gruppe, Gremium oder Leitungsverantwortliche den Fokus und was haben wir überhaupt nicht auf dem Radar? Auf alle Fälle kann es hilfreich sein, von Zeit zu Zeit Verantwortliche unserer Caritas, der Malteser, gerade auch die Erzieherinnen und Erzieher unserer Kindertageseinrichtungen sowie andere Engagierte in unsere Gremien einzuladen. Sie können uns dann berichten: Was an Sorgen und Nöten nehmen sie in dem Sozialraum wahr, für den wir als Gremium Verantwortung tragen? Gibt es dabei Fragen, die uns als Gremium angehen und die uns herausfordern, unsere bisherigen Schwerpunktsetzungen zu überdenken? Daran anschließend sollten wir diesen Mitarbeitenden eine weitere Frage stellen: Wie macht ihr das, wenn plötzlich ein Notfall kommt, der bisherige Pläne über den Haufen wirft? In welcher Haltung geht ihr eine solche Problematik an? Und welche Schritte geht ihr dabei weiter?

Viele unserer Gemeinden haben bei der großen Flüchtlingswelle 2015 und auch beim Beginn des Ukrainekriegs Erfahrung damit gesammelt, was es heißt, schnell zu reagieren und zu helfen. In sehr vielen Fällen hat dies zu einer Vernetzung von Akteuren mit unterschiedlichem weltanschaulichem Hintergrund geführt. Die dabei gemachten Erfahrungen, die Haltung, die sich dabei gezeigt hat, gilt es weiterhin zu reflektieren und für kommende Herausforderungen fruchtbar zu machen. In einer Zeit, in der in immer dichterer Folge unvorhergesehene Herausforderungen auftreten, wird dies vermehrt von uns gefordert sein.

Wie ich im Prolog dieses Buches erwähnt habe, entwickelte das Christentum in seiner Frühphase gerade deshalb so eine Überzeugungskraft, weil es im Gegensatz zu den oft mit sich selbst beschäftigten Göttern des Olymps einen Gott verkündet hat, der sich liebevoll um die Sorgen jedes einzelnen Menschen kümmert. Und zugleich war diese Theologie im aktiven Einsatz der Christinnen und Christen für andere – gerade auch unabhängig von der eigenen Christengemeinde – konkret erfahrbar. Dem Markusevangelium zufolge erfährt der Blinde Bartimäus am Wegesrand von Jericho im Handeln Jesu diesen Gott (vgl. Mk 10). Jesus hat seine Jünger mit der Vollmacht ausgestattet, ebenfalls zu heilen. Mir scheint, dass damit vor allem eine Haltung übertragen wurde, die für uns bis heute eine Verpflichtung ist – ganz ausdrücklich für unsere Leitungsverantwortlichen, für alle, die in unseren Gremien engagiert sind: Der caritative Auftrag, der konkret zu leben ist, ist zugleich auch ein wesentliches Moment der Glaubensverkündigung. Wie nehmen Außenstehende uns und unsere Gremien als Kirche wahr? Sind wir mehr »Olymp« und mit uns selbst und unseren eigenen Themen beschäftigt, bisweilen auch mit unseren Machtspielen und Eitelkeiten? Oder sind wir »Jünger Jesu auf der Straße von Jericho«, bereit, unsere Pläne zu ändern, unsere Schwerpunkte zu verschieben, weil uns im »Ruf des Blinden« der Anruf Jesu trifft?

Nicht jede und jeder hat die Begabung und die Möglichkeit, angesichts einer auftretenden Not eine passende Initiative zu starten. Aber: Wie stehen wir – ob ehrenamtlich oder hauptberuflich engagiert – zu denen, die es tun und die dafür bisherige Routinen unterbrechen, unsere Betriebsabläufe »stören« und im Modus des »Not sehen und handeln« intervenieren? Wie reagieren Leitungsverantwortliche – in den Pfarreien der leitende Pfarrer –, wenn dann Aufgaben neu verteilt werden müssen und bislang Liebgewordenes auch nicht mehr weitergeführt werden kann? Keine Frage – es braucht hier eine Unterscheidung der Geister: Nicht alles gut Gemeinte ist auch gut gemacht. Dennoch gilt: Sind wir im Ernstfall bereit, auf eine bewährte Leistung zu verzichten, damit Menschen sich in einer Notlage engagieren können? Hören Mitarbeitende nur Murren und Widerspruch, dass »das Eigentliche« jetzt liegen bleibt oder erleben sie Anerkennung, weil »das Eigentliche« gerade in der Sorge um Bedürftige stattfindet?

Zur Professionalität unserer Gremien wird es in Zukunft noch stärker gehören müssen, regelmäßig die Art und Weise unserer Wahrnehmung kritisch zu hinterfragen. Geistliche Unterscheidung und Entscheidung können hier einen prophetisch-kritischen Dienst leisten. Fordern wir in entsprechenden Reflexionen bewusst auch die Außensicht ein? Lassen wir Menschen zu Wort kommen, die unseren Gremien beziehungsweise

Organisationsstrukturen eher distanziert gegenüberstehen? Wie nehmen sie uns wahr, mehr als »Olymp« oder mehr als »Jünger Jesu auf der Straße von Jericho«? Fragen wir uns: Welche Konsequenzen haben solche Wahrnehmungen für uns, was machen wir in Zukunft anders und besser?

»Not sehen und handeln und zum Handeln ermächtigen« – bisweilen frage ich mich, wer ermächtigt hier eigentlich wen? Öfters ist es doch so: Diejenigen, die wir als bedürftig wahrnehmen, setzen in den Helfenden erst jene Kräfte und Kreativität frei, von denen diese bislang nichts wussten. Auch dies ist eine Form der Ermächtigung.

Seit über 30 Jahren bin ich in der kirchlichen Jugendarbeit aktiv – in sehr unterschiedlichen Rollen und Bezügen. Eine Erfahrung machte ich bei allen Gelegenheiten: Dort, wo sich Jugendpastoral in der Pfarrei und Jugendbegegnungen im größeren Kontext – im Bistum, national und auch international – gegenseitig ergänzen, liegt das große Potential, Menschen tiefer zu prägen und ihnen den Blick für lokale und globale Zusammenhänge und eine entsprechende Verantwortung zu öffnen.

Diese Erfahrung mache ich erneut 2023 zusammen mit über 160 jungen Menschen aus dem Bistum Fulda beim Weltjugendtag in Lissabon. Kritisch wird vielfach der finanzielle und logistische Aufwand solcher Veranstaltungen hinterfragt. Er lohnt sich! Das zeigt sich mir exemplarisch, als ich zusammen mit einer Gruppe aus dem Bistum auf dem Weg zum großen Park bin, in dem die Abschlussveranstaltung stattfindet. 1,5 Millionen Menschen sind zeitgleich dorthin unterwegs – eine unvorstellbare Zahl. Schlussendlich stehen wir dicht gedrängt mit Tausenden auf einer großen Straße, die uns Fußgänger zum Ziel führt. Bei gut 35 Grad und ohne jeglichen Schatten geht es nur stockend voran. Doch die Stimmung bleibt gelassen, sie ist fast heiter. Ich erlebe die jungen Menschen als sehr umsichtig und aufmerksam: Wem geht es gerade nicht gut? Wer braucht dringend Wasser oder weitere Hilfe? So ein Moment hat das Potential zur Schlüsselerfahrung: Die äußeren Bedingungen, die Hitze und Menschenmassen sind eine große Herausforderung. Und doch überwiegt das Moment der Solidarität, des Blicks füreinander, des Interesses aneinander. Kontakte zwischen jungen Menschen unterschiedlicher Nationen werden geknüpft.

In der Hitze Portugals werde ich an eine Situation wenige Monate zuvor erinnert. Anfang Februar 2023 ist bei Eiseskälte auf dem Fuldaer Domplatz eine Gruppe versammelt, die eine ganz eigene Schicksalsgemeinschaft bildet. Eine Delegation der Caritas Iwano-Frankiwsk, eines Bistums in der Westukraine, ist für einige Tage bei uns zu Besuch. Jetzt gilt es, Abschied zu nehmen. Schon vor Weihnachten hatten wir einige Transporter mit Hilfsgütern in die Ukraine gesandt. Unsere Verbände sind hier sehr engagiert. Eine Pfarrei in Kassel hat im ersten Kriegsjahr fast jede Woche einen LKW mit Hilfsgütern in die Ukraine geschickt. Vor den Besuchern, die aus der Ukraine zu uns kamen, habe ich großen Respekt. Sie kommen zu uns, geben uns Einblick in die Situation vor Ort und fahren dann wieder zurück in die Kriegs- und Krisenregion. Sie sind bereit, sich all dem physischen und psychischen Stress auszusetzen, der auf sie wartet – der Menschen wegen, die ihren Dienst brauchen. Mit Verantwortlichen der Caritas im Bistum Fulda, dem Generalvikar, dem Weihbischof und weiteren Engagierten übergebe ich der Gruppe zum Abschied einen der roten Kleinbusse unserer Caritas. Er ist bereits mit dem Zollkennzeichen versehen. Die Aufkleber, die das Fahrzeug »im Dienst des Caritasverbundes Fulda« kenntlich machen, kleben noch alle auf dem Bus. »Die lassen wir dran, auch wenn wir in die Ukraine zurückkehren!«, bekräftigen unsere ukrainischen Partner. »Die Menschen in unserer Heimat sehen dann, dass dieses Auto aus Deutschland kommt. Und damit erfahren sie auch, dass es in Deutschland viele Menschen gibt, die zu uns stehen, die uns unterstützen. Das gibt den Menschen in den Kriegsgebieten neue Kraft.«

Ich verstehe: Das eine ist die konkrete materielle Hilfe. Aber »Zum Handeln ermächtigen« geht weit darüber hinaus. Wo Menschen erfahren, dass es andere Menschen gibt, in diesem Fall sogar weit weg und ohne persönlichen Kontakt, die zu uns stehen, kann das ungeahnte Kräfte freisetzen. Als Kirche haben wir mit unserer weltweiten Vernetzung sehr gute Voraussetzungen, um dieses solidarische Empowerment zu leisten.

Nochmals zurück zum AIDS-Hospiz im Schwarzwald: Als ich 2014 als Weihbischof die Verantwortung für die Ordensgemeinschaften im Erzbistum Freiburg übernehme, werden die Gengenbacher Franziskanerinnen für mich zu wichtigen Partnerinnen für diverse Projekte. Das AIDS-Hospiz geht ins 25. Jahr seines Bestehens – und es wird abgewickelt! Durch die medizinische Forschung hat sich die Situation AIDS-Kranker grundlegend verändert. Das therapeutische Angebot und die (Über-) Lebensperspektive sind längst eine andere. Die Schwestern reagieren darauf. Das langjährige Vorzeigeprojekt, unter anderem in einer Fernsehdokumentation präsentiert, hat in dieser Form seine Mission erfüllt. In deutlich verkleinerter Form wird das Hospiz in ein bestehendes Seniorenheim integriert. Das lieb gewonnene Haus im Schwarzwald wird aufgegeben.

Ich habe bis heute großen Respekt vor diesem Schritt der Schwestern. Was für sie vor wenigen Jahrzehnten zukunftsweisend war, Ausdruck ihres Gründerinnengeistes und einer risikobereiten Entscheidungskraft, das können sie jetzt in großer innerer Freiheit wieder loslassen. Hier wurde bei einem caritativen Projekt die Frage nach Ziel und Mittel sehr konsequent gestellt. 2015 ist die demographische Situation der Schwestern noch deutlich prekärer als 1990. Doch immer noch stellen sie dieselben Fragen wie damals: Was ist jetzt die Not der Zeit? Wo können wir aus unserem Charisma heraus eine Antwort geben? Schließlich entschieden sich die Schwestern dazu, ihr in die Jahre gekommenes Studierendenwohnheim in der Nähe des

Freiburger Hauptbahnhofs grundlegend zu sanieren und konzeptionell neu auszurichten. Die Albertusburse beherbergt jetzt neben Studierenden auch eine Frühförderstelle sowie ein Wohnprojekt des Caritasverbandes. Dieses ermöglicht jungen Menschen aus Übersee, ein Freiwilliges Soziales Jahr in Deutschland zu absolvieren. Für mehr als zwei Drittel dieser jungen Menschen wird dies zur Basis, um darauf aufbauend ein Studium in Deutschland beginnen zu können. Bei Besuchen in Freiburg zieht es mich immer wieder in ein Zelt, das seit der Corona-Zeit dauerhaft im Innenhof des Wohnheimes aufgestellt ist. Das Zelt hat keine Außenwände, sondern nur ein großes Dach. Es ist über die Pandemie hinaus längst zum Ort der Begegnung für Menschen aus unterschiedlichen Kulturen und Religionen geworden. Junge Menschen sammeln hier wichtige Erfahrungen, die ihr späteres Engagement prägen werden – ob in Deutschland oder Übersee.

Wenige Tage nach einem solchen Zeltbesuch bin ich Gast im Jugendhilfezentrum der Salesianer Don Boscos in Sannerz, einer kleinen Gemeinde im Bistum Fulda. Ich darf den Sonntagsgottesdienst aus einem festlichen Anlass feiern. Die Jugendlichen, die oft schon zu viele Abgründe im Leben mitbekommen haben, wirken auf ihre Weise im Gottesdienst mit. Einige haben mit der Band geprobt. Es bleibt die Spannung, ob beim Gottesdienst auch alle Bewohner, die sich vorher für einen Dienst gemeldet haben, tatsächlich dabei sind. Während meiner Predigt kommen drei junge Leute mit Baseballmützen durch das Eingangsportal in die Kirche geschlendert und nehmen in einer Bank zwischen weiteren Festgästen Platz. Doch bald ist das Interesse dieser Jugendlichen offenbar gestillt und sie gehen wieder nach draußen. Dort – durch die Kirchentüre, die den ganzen Gottesdienst über geöffnet bleibt – sehe ich von meinem Platz aus einen Jungen, der sich auf seinem Fahrrad abstützt. Still verfolgt er von seinem Platz aus auf seine Weise die Liturgie.

Während ich predige, kommt mir der Gedanke, dass ich im Kirchenraum nicht der Einzige bin, der hier predigt. Mir erscheint es, als ob die jungen Menschen längst damit auf ihre Weise begonnen haben. Uns Feiernden wird an diesem Morgen neu und tief bewusst, was das bedeutet, diakonische Kirche zu leben. Das ist die Botschaft dieser jungen Menschen und das ist die Botschaft vieler, die mit den diakonischen Einrichtungen der Kirche in Verbindung kommen. Sie helfen der Kirche zu verstehen, was sie ist, was ihr Auftrag ist als »Salz der Erde« und als »Licht der Welt« (Mt 5,13–14). Da sind nicht einfach »wir« in der Kirche und »die« irgendwo anders, Objekte unserer Fürsorge, nein, sie sind mitten unter uns.

6. Kirchliche Vielfalt in fruchtbarer Spannung der Einheit, die Jesus Christus schenkt

»Kein Zelt ohne Spannungen« – diese eigentlich simple Beobachtung beschäftigt mich seit einem Gespräch mit Kardinal Mario Grech im Oktober 2022 nachhaltig. Anlässlich einer Dienstreise nach Rom hatte ich ihn in seinem Büro aufgesucht. Es war unsere erste Begegnung. Gerade hatte er zusammen mit einer größeren Redaktionsgruppe und auf der Basis zahlreicher Rückmeldungen aus aller Welt das Vorbereitungsdokument für die Weltsynode erarbeitet. Der Titel des Dokumentes war aus dem 54. Kapitel des Propheten Jesaja gewählt: »Mach den Raum deines Zeltes weit!« Ich konnte zwar als Student und als junger Priester viele Erfahrungen auf Zeltlagern sammeln und habe dort so manchen geistlichen Impuls eingebracht. Aber dieses Wort aus der Heiligen Schrift war mir bislang noch nie aufgefallen.

»Schau dir ein Zelt an«, meinte der Kardinal in seiner warmherzigen und zugleich verbindlichen Art. »Besonders wenn der Wind kommt, wird ein Zelt nur dann stehen bleiben, wenn es durch entsprechende Seile eine gehörige Spannung aufweist. Wir haben im Redaktionsprozess unseres Dokumentes neu erfahren, wie wichtig es ist, Spannungen in der Kirche zunächst einmal als etwas grundsätzlich sehr Wichtiges zu begreifen.« In der Tat benennt der Text in einer für ein vatikanisches Dokument sehr offenen Weise viele der Spannungsfelder, die unsere Kirche derzeit bewegen. So finden sich im Text Passagen über Machtmissbrauch und sexualisierte Gewalt, über die Beteiligung von Frauen und den Umgang mit der Vielfalt sexueller Identitäten.

Die Wahrnehmungen zu diesen Themenkomplexen sowie die Reaktionen und Antworten darauf sind sehr verschieden. Dass es regelrechte Lagerbildungen im Diskurs über den Reformweg der Kirche gibt, ist unübersehbar. Das Bild von den notwendigen Spannungen eines Zeltes birgt schnell auch die Gefahr, Spannungen einfach schönzureden. Wir müssen uns aber bewusst bleiben: Viele Menschen sind gerade durch die Art und Weise, wie sie das Austragen von Spannungen in unserer Kirche erleben, sehr verletzt. Und viele Menschen sind durch die Weise verletzt, wie über Themenbereiche gesprochen und geurteilt wird, die sie selbst existenziell betreffen, die also zutiefst mit ihrer Person und Biographie zu tun haben. Ausblenden können wir die Spannungen auch nicht. Dazu ist die Zugkraft dieser Spannungen allzu mächtig. Man kann Druck vom Seil nehmen, indem man einfach nachgibt. Eine andere Möglichkeit besteht darin, das Seil zu kappen. Beide Lösungsmöglichkeiten werden – im übertragenen Sinn – aktuell auch in unserer Kirche vielerorts diskutiert. »Warum nicht einfach den ganzen Forderungen nachgeben und so die bis ins Unerträgliche gesteigerte Spannung rausnehmen?«, fragen die einen. »Jetzt ist es Zeit für den klaren

Schnitt!«, sagen die anderen. Und: »Wer zu sehr in eine bestimmte Richtung zieht, muss sich entscheiden. Gerne können sie weiter ihre Anliegen verfolgen. Sie können – im Bild gesprochen – weiter an ihrem Seil ziehen, aber bitte außerhalb unseres Kirchenzeltes.«

Ob ich dem Zug der Seile einfach nachgebe oder ob ich das Seil kappe: Beim Zelt führt beides zu einem sehr ähnlichen Ergebnis. Denn übrig bleibt in beiden Fällen eine relativ schlaffe Zeltbahn, die locker am Gestänge hängt. Der Raum im Zelt wird kleiner. Beim nächsten Wind kann das Zelt weggeweht werden. Bei Regen ist die Zeltbahn nicht mehr dicht. Ich glaube, dass sich in beiden Fällen dieses Bild auch auf unsere Kirche übertragen lässt. Doch dazu später.

Gut sechs Wochen nach dem Gespräch mit Kardinal Grech sitze ich bei den Verantwortlichen einer unserer Pfadfinderstämme zu Hause im Wohnzimmer. Der Stamm war erst vor wenigen Jahren mit viel Engagement gegründet worden. In den zurückliegenden Jahren gab es viele wertvolle und ermutigende Erfahrungen. Dazu gehörte vor allem eine beeindruckende Zunahme an Mitgliedern und Engagierten. Doch bei all dem Einsatz hatten die Verantwortlichen auch einigen Frust zu verarbeiten. Sind wir mit unserer Art von Jugendarbeit in unserer Gemeinde wirklich gewollt? Passen wir mit unseren Überzeugungen und unseren Zweifeln überhaupt in diese Kirche? Nach einigen Mailwechseln hatte ich angeboten, auf der Rückfahrt von einer Sitzung mich gegen Abend mit den Verantwortlichen zu treffen.

Beim Abendessen sprechen wir sehr lange über die diversen Spannungsfelder. Welche konkreten Erfahrungen stehen hinter dem, was bei den Frauen und Männern, die hier Verantwortung tragen, trotz der offensichtlichen Erfolge, trotz des Wachstums im Pfadfinderstamm, so manchen Frust ausgelöst hat? Ich versuche ihnen begreiflich zu machen, dass ihr Engagement eine ganz wichtige und komplementäre Dimension des kirchlichen Lebens sei.

Bei unserer intensiven Diskussion kommt mir nach einiger Zeit unwillkürlich das Bild vom Zelt und den dafür notwendigen Spannungen wieder in den Sinn. Trotz vielfältiger Zeltlagererfahrung habe ich mit dem Aufbau einer Jurte, also einem traditionellen Rundzelt, wie es die Pfadfinderstämme verwenden, keine Erfahrung. Jetzt, mitten in der Diskussion, kommt mir der Impuls, einfach einmal nachzufragen: »Wie baut man eigentlich so ein Pfadfinderzelt auf?« Dadurch bekommt unser Gespräch eine eigene Wendung. Ich erfahre viel über den Aufbau einer Jurte. Doch zugleich passiert noch etwas anderes: Mit den Schilderungen vom Jurtenaufbau erschließen wir uns wechselseitig einen neuen Blick auf die Spannungen in unserer Kirche und in unserer Gesellschaft.

Beim Aufbau eines solchen Zeltes wird zunächst eine große Plane, ein Vieleck ausgefaltet. Diese bildet später das Dach der Jurte. An jeder Ecke befindet sich eine Öse. Ein kleineres bis mittleres Zelt hat genau zwölf Ösen. Nun braucht es im Idealfall zwölf Personen, die in der Öse sowohl eine Stange als auch ein Zugseil befestigen. Mit der Stangenspitze in der Öse drücken die zwölf Personen die Plane vom Boden nach oben ungefähr auf die Höhe der späteren Zeltdecke. Nun spannen die zwölf Personen ihr jeweiliges Seil von der Stangenspitze ausgehend nach außen hin ab. Das Zeltdach steht. In der Folge wird durch weitere Schritte das Zelt komplett.

Zwölf Anknüpfungspunkte für zwölf Stangen und zwölf Seile – bei einem größeren Zelt vergrößert sich die Zahl an Stangen und Abspannseilen. Wie ist das beim großen Zelt der Kirche? Im Ritus der Bischofsweihe wurde mir an einer bestimmten Stelle ein aufgeschlagenes Buch, das Evangeliar, wie ein Dach über meinen Kopf gehalten. Wenn man will, kann man dies auch als ein »Minizelt« deuten. Im Ritus kann es darauf verweisen, dass das Evangelium das »Dach« der Kirche schlechthin ist. Beim Ritus der Bischofsweihe ergreifen zwei Diakone jeweils ein Ende dieses Evangeliars, um es über den neugeweihten Bischof zu halten. Übertragen auf das Leben der Kirche sind es unzählige Getaufte, die an einer Stelle das Evangelium »ergreifen«. Sie haben an irgendeiner Stelle ihren Anknüpfungspunkt gefunden. In manchen Fällen wird ihnen nicht einmal bewusst sein, wo genau ihr »Lebensthema« – etwa die Bewahrung der Schöpfung oder der Einsatz für die Würde und die Rechte eines jeden Menschen – einen unmittelbaren Anknüpfungspunkt zum Evangelium hat.

Jede und jeder hat einen eigenen Anknüpfungspunkt beim Evangelium – klingt das nicht nach Beliebigkeit? An jenem Abend mit den Pfadfinder-Verantwortlichen erschließt mir das Bild vom Pfadfinderzelt neu, dass das nichts mit Beliebigkeit zu tun hat, sondern dass die unterschiedlichen Anknüpfungspunkte notwendig sind. Sie verweisen aufeinander. Beim Zeltaufbau zieht jede und jeder vom eigenen Anknüpfungspunkt aus in die je eigene Richtung. Was im ersten Moment als ein Ziehen gegeneinander erfahren wird, zeigt sich schlussendlich als notwendig. Denn nur so erfährt das Zelt seine Spannung und kann stehen.

Ich begreife an diesem Abend, dass Spannungen – auch bleibende Spannungen – eine sehr notwendige Aufgabe haben können. Für den Advent, der in jenen Tagen gerade begonnen hat, nehme ich mir als Vorsatz, gegenteilige Meinungen und Spannungen, die zwischen mir und meinem Gegenüber entstehen, zunächst einmal danach zu befragen: Wo hat die Person, die mir da so entgegentritt, eine wichtige Aufgabe im Sinne der Anwaltschaft für eine bestimmte Position oder Dimension unserer Kirche, unserer Gesellschaft? Welchen wichtigen Aspekt habe ich möglicherweise bislang übersehen oder nicht angemessen gewürdigt? Auf welche Realität oder auf welchen Aspekt des Evangeliums kann mich diese Spannung aufmerksam machen? Ich nehme mir vor, mich nicht von so mancher äußeren Form oder Tonalität abschrecken zu lassen, sondern tiefer zu fragen: Wo zeigt sich hier im Kern ein Anliegen, das seine Berechtigung hat und das notwendigerweise wahrgenommen werden muss?

Der Abend mit den Pfadfinder-Verantwortlichen – alles Erwachsene, die in verantwortungsvollen Berufen stehen und äußerst engagiert sind – ist weiter intensiv und anregend: Wir stellen fest, dass das, was uns gerade umtreibt, viele Menschen beschäftigt. So kommt es, dass ich die Runde über einen Plan informiere, der in mir seit jener Begegnung mit Kardinal Grech gereift ist. Mein Hirtenwort der Fastenzeit 2022 war mit dem Schlüsselbegriff »Krypta« verbunden. Erstmals gab es nicht nur einen Text, sondern auch einen erzählenden Film mit starken, emotionalen Bildern. Für 2023 ist meine Idee, das Wort von Kardinal Grech vom Zelt und den Spannungen zu entfalten und hieraus einen Impuls für das Bistum zu formulieren. Zum Text soll es wieder einen Film geben: Die Frage der notwendigen und fruchtbaren Spannungen ließe sich sicherlich gut am Aufbau eines Pfadfinderzeltes zeigen – so meine Überlegung, die ich in unserer abendlichen Begegnung vorstelle. Die anwesenden Pfadfinderinnen und Pfadfinder lassen sich sofort darauf ein – und vor allem merke ich, dass sie tiefer verstanden haben, um was es mir geht. Der Film soll erneut das verstärken, was der Text allein nicht schafft – keinesfalls geht es um oberflächliche Effekte. Wir vereinbaren einen Termin, an dem der Film gedreht werden könnte.

Dankbar fahre ich zurück nach Fulda. Die im mehrfachen Sinne spannende Geschichte mit den Pfadfindern wird weitergehen. Viele Fragen sind an diesem Abend offengeblieben. Hinter so mancher Frage steht eine Verletzungsgeschichte. Je nach Verletzung erfahren

Menschen dieselbe Spannung unterschiedlich. Das hat in unserer Kirche viel mit Entscheidungsvollmacht und Machtgefälle zu tun. Es bleibt eine Herausforderung, dies immer wieder im Blick zu behalten und sich eine Kultur der Kritik für das eigene Handeln zu erarbeiten.

Anfang Februar drehen die Pfadfinder tatsächlich mit mir diesen Film. Vieles entsteht an diesem Tag spontan. So manche Szene war vorher nicht geplant und ist im Ergebnis sehr ausdruckstark. Im Film ist das meine Lieblingsszene: Gerade bin ich dabei, mein Seil abzuspannen und den Pflock einzuschlagen. Da klopft mir einer der jungen Pfadfinder auf den Rücken und macht mich darauf aufmerksam: Wenn ich das Seil so abspannen würde, dann könnte das Zelt in eine Schräglage geraten. Wir korrigieren die Richtung, in die das Seil abgespannt wird. Mein Seil zieht danach weiter am gleichen Anknüpfungspunkt. Doch meine Zugrichtung hat sich leicht verändert. Nur so kann das Seil für das große Ganze auch fruchtbar seinen Beitrag leisten.

Spannungen sind alles andere als harmlos. Mehr und mehr ist es meine Überzeugung geworden, dass gerade diejenigen, die Leitungsverantwortung haben, die Fähigkeit ausprägen müssen, sich korrigieren zu lassen, um den Impuls, der sie durch so eine Spannung erreicht, kreativ aufgreifen zu können. In diesem Zusammenhang kommt mir eine andere spannungsreiche Erfahrung in den Sinn, die mich bleibend geprägt und nachdenklich gemacht hat.

Von der Jugendkommission der Deutschen Bischofskonferenz war im Herbst 2021 die Entscheidung gefordert, ob eine bestimmte Gruppierung beziehungsweise deren Trägerverein kirchlich anerkannt wird. Lange hatten wir in der Kommission um diese Entscheidung gerungen. Den Mitgliedern jener Gruppierung ist ihre Kirchlichkeit sehr wichtig. Zugleich wussten wir um eine ganze Reihe schwieriger und belastender Aspekte in der Geschichte dieser Gruppierung. Meine Skepsis ließ sich während der Entscheidungsphase nie ganz ausräumen. Das hat zu tun mit meiner Interpretation der Gründungsgeschichte dieser Gruppierung. Diese ist – so jedenfalls meine Wahrnehmung – wesentlich auch von einer doppelten Enttäuschungserfahrung geprägt. Der Gründer, ein Ordenspriester, war enttäuscht von der Entwicklung seines Ordens nach dem Konzil und gründete deshalb eine neue, eigene Gemeinschaft. Zugleich war er tief enttäuscht von Erfahrungen mit der verbandlichen katholischen Jugendarbeit der frühen 70er Jahre. Bei deren Arbeit sah er wesentliche Elemente des Katholischen grundsätzlich infrage gestellt. Dies war eine Motivation für die Gründung einer eigenen Jugendgruppierung. Hier sollte unhinterfragt die klassische katholische Lehre ihren Ausdruck finden. Um die kirchliche Anerkennung dieser Gruppierung ging es nun.

Mich beschäftigt seither eine ganz grundsätzliche Frage: Welche Wirkung kann es auf eine Gemeinschaft und einzelne Mitglieder haben, wenn im Gründungsvorgang eine Enttäuschungserfahrung eine wesentliche Rolle spielt und damit der Leitgedanke: »So wie die auf keinen Fall!« Um nicht missverstanden zu werden: Aus Enttäuschungserfahrungen können sehr kreative und fruchtbare Prozesse erwachsen. Gerade viele kirchliche Reformbewegungen haben eine ihrer Wurzeln oft in einer Enttäuschungserfahrung: »Das, was die tun, ist unglaubwürdig, so kann es nicht weitergehen!«. Diese Enttäuschungserfahrung kann ein wichtiger Motor sein.

Jedoch braucht es für einen Gründungsvorgang, der auf Dauer in der Kirche fruchtbar werden soll, einen grundlegend positiven Beweggrund: Das ist die Erfahrung, vom »Geschmack des Reiches Gottes« gekostet zu haben und in der Folge beispielsweise tief von der Sorge um Gottes Schöpfung ergriffen zu sein, von der Liebe zu den Bedürftigen, von der Würde jedes Menschen, vom Gebet, der Stille oder einem anderen Aspekt, der unaufgebbar mit dem Reich Gottes in Verbindung steht. Im Grunde ist es im Blick auf jede Initiative die spannende Frage: Was ist *de facto* der dominante Motor? Ist es das »Auf keinen Fall so ...« oder das »Ich bzw. wir sind ergriffen, fasziniert von ... und setzen uns deshalb ein für ...«. Nur wenn letzteres gilt, werde ich im Fremden mir Verwandtes entdecken, mich davon berühren, bereichern und inspirieren lassen. Etwa mit der Erkenntnis: »Wir setzen uns mit öffentlichkeitswirksamen Kampagnen für die Würde jedes Menschen ein – jene aber sind stärker kontemplativ ausgerichtet. Uns verbindet aber die Ehrfurcht und Ergriffenheit vor dem Geheimnis Gottes – im noch so bedürftigen Menschen einerseits und im Gebet andererseits.«

Im ersten Fall bin ich oder sind wir in der Gefahr, sehr schnell einzuteilen: »Jene haben es begriffen, sie sind die Guten – die anderen sind auf dem Holzweg.« Es ist kaum möglich, dass auf so einer Basis eine wechselseitige Bereicherung geschehen kann. Im Gegenteil: Es besteht die Gefahr, notwendige und heilsame, wachstumsfördernde, korrigierende Anfragen an die eigene Existenz, den eigenen Weg kategorisch abzublocken und damit wertvolle Entwicklungsschritte zu verpassen. Selbst Mitglied einer Bewegung, die zu den geistlichen Aufbrüchen des 20. Jahrhunderts gezählt wird, halte ich dies für eine große Aufgabe: Immer wieder müssen wir uns kritisch anfragen, persönlich wie als Gemeinschaft: Welcher »Motor« ist jetzt, bei allem guten Willen und aller guter Absicht, der *tatsächlich* dominante, und wo sind wir herausgefordert, uns korrigieren zu lassen?

Altes und Neues Testament sind mit ihrer Botschaft hier sehr deutlich: Gottes Volk und insbesondere die Verantwortlichen für das Volk werden über weite Passagen als sehr fehlbare Menschen geschildert. Verfehlungen und deren Folgen werden deutlich benannt. Dieser nüchtern-kritische Blick auf die eigene Geschichte ist konstitutiv für den Weg von Gottes Volk. Die zahlreichen Belegstellen dafür in der Heiligen Schrift sind Auftrag, auch heute mit kritischem Blick auf die Geschichte und die Gegenwart von Gottes Volk und seiner Verantwortlichen zu schauen. Schuld einzugestehen und daraus Konsequenzen zu ziehen, sind für die Kirche wie für die in ihr beheimateten Gemeinschaften ein wesentlicher Prüfstein bei der Frage, ob wir in der Tradition der Schrift, in der Tradition von Gottes Wort stehen.

Wo ich mich gegen Kritiker immunisiere oder nur solche Kritik zulasse, die tendenziell ohnehin die eigene Linie verkörpert, begebe ich mich in die Gefahr, wesentliche Aspekte auszublenden, die eine solche Kritik in ihrem Kern ausleuchten will. Im Bild des Zeltes gesprochen: Ich halte die Spannung der Kritik nicht aus, spreche ihr – aus welchen Gründen auch immer – die Legitimation ab, »kappe« damit in gewisser Weise dieses Seil und riskiere, dass mein Zelt in eine Schieflage gerät.

Beim oben beschriebenen Vorgang der kirchlichen Anerkennung jener Gruppierung bekam ich die Schieflage kurze Zeit später deutlich zu spüren. Im Kreis der Diözesanbischöfe hatten wir einen sehr aufschlussreichen Studientag mit Betroffenen sexualisierter Gewalt. Ich habe großen Respekt davor, welchen Einblick die Betroffenen uns in ihre Leidensgeschichte gaben und wie sie uns schildern konnten, wie die traumatischen Erfahrungen bis in die Gegenwart ihre Wirkung entfalteten. Unter diesen Betroffenen war auch eine Frau, die als Mädchen in eben jener Gruppierung, die wir nun kirchlich anerkannt hatten, sexualisierte Gewalt erlebt hatte. Erst im Nachgang zum Studientag wurde mir bewusst, dass die Veröffentlichung jener Anerkennung genau in die Zeit unseres Studientages fiel. Das hat mich im Nachhinein sehr getroffen. Doch was mich nun sehr belastete: Bei unserem intensiven Ringen um die Anerkennung war niemand von uns auf die Idee gekommen, auch von dieser Frau eine Einschätzung einzuholen, sich ihre Geschichte mit der Gruppierung anzuhören. Immerhin schrieben wir das Jahr 2022 und ihre Geschichte war damals unter Experten bereits bekannt.

In dieser Situation wurde mir bewusst: Die Verantwortung für die Anerkennung jener Gruppierung liegt bei den jeweiligen Entscheidungsträgern. Aber in den Entscheidungsprozess ist auch das Votum derjenigen einzubinden, die hier ganz andere, traumatisierende, ihr Leben negativ prägende Erfahrungen gemacht haben. In diese Spannung und in dieses Ringen müssen wir bei unseren Entscheidungsprozessen hineingehen. Sonst kann unser Zelt am Ende in eine große Schieflage geraten. Jedenfalls fasste ich damals den Entschluss, dies bei künftigen Entscheidungsprozessen anders zu handhaben. Gut ein Jahr später kam dafür die Bewährungsprobe mit der Erarbeitung einer Rahmenordnung für die Priesterausbildung in Deutschland. Dankbar erinnere ich mich an ein ausführliches Hearing, bei dem uns Betroffene sexualisierter Gewalt auf unseren Textentwurf eine sehr differenziert ausgearbeitete, kritische Rückmeldung gegeben haben.

In den Folgewochen nach der Veröffentlichung der Anerkennung der betreffenden Gruppierung ergab sich die Möglichkeit, mit jener Frau, die sexualisierte Gewalt erlebt hatte, die Situation ausführlich zu erörtern. Als Entscheidungsträger versuchten wir, tiefer zu verstehen: Was kann die kirchliche Anerkennung einer Gruppierung in Menschen auslösen, die sexualisierte Gewalt im Kontext eben dieser Gruppierung erlebt haben und deren Perspektive im Anerkennungsverfahren nicht gewürdigt wurde? In mir wuchs der Respekt davor, wie die Frau uns abnahm, dass wir unsere Fehler eingestanden und dies als Lernprozess verstanden haben.

In diesem Fall hatte die Frau uns bei besagtem Studientag einen tiefen Einblick in ihre Biografie gegeben. Ich kann nur schwer erahnen, was es für Betroffene sexualisierter Gewalt bedeutet, heutigen kirchlichen Entscheidungsträgern einen Einblick in das zu geben, was ihre Seele als Verwundung erlebt. Das setzt einen hohen Vertrauensvorschuss voraus. Nur wenige Tage später musste die Frau mit der Veröffentlichung der Anerkennung eben jener Gruppierung erleben, dass wir ihr als Betroffene keinen Einblick gewährt hatten in unseren Entscheidungsprozess. Wo war da unsere Sensibilität und unser Vertrauen gewesen?

Im Kontakt mit Betroffenen sexualisierter Gewalt erlebe ich immer wieder, dass bei Menschen, die in jungen Jahren erleben mussten, dass ihr damals noch kindliches Vertrauen so brutal missbraucht wurde, eine erhöhte Sensibilität gewachsen ist. Kritisch fragen sie nach, ob eine Antwort einfach nur beschwichtigend ist. Im Zweifelsfall bohren sie tiefer nach. Auch geben sie sich nicht einfach mit einem einmal erreichten Zustand zufrieden. Vielmehr bleiben sie wach und aufmerksam, ob die Vereinbarungen tragen und ob Absichtserklärungen tatsächlich auch zu einer Kulturveränderung führen. Im Bild des Zeltes gesprochen: Ihr Anknüpfungspunkt ist oft ein sehr bitterer. Das Ziehen an ihrem Seil geschieht mit Entschiedenheit und bemerkenswerter innerer Stärke. Je nachdem, wie kirchliche Verantwortungsträger mit diesem Ziehen und der sich daraus ergebenden Spannung umgehen, kann dies für die Betroffenen stärkend oder leider auch retraumatisierend sein. Greifen wir die Spannung konstruktiv auf, bietet dies die Chance, dass alle Beteiligten eine neue und letztlich positive Erfahrung machen können.

Gut vier Monate nach jenem Studientag bin ich in Stuttgart auf dem Katholikentag. Am letzten Abend gehe ich nach einem sehr gefüllten Tag zum Taizé-Gebet in die Stuttgarter Liederhalle. Taizé ist für mich ein sehr wichtiger Ort. Zweimal habe ich dort schon meine Jahresexerzitien verbracht. Mit einigen der Brüder stehe ich in regelmäßigem Kontakt. Die Liederhalle ist sehr gefüllt. Es herrscht eine dichte Stimmung – nicht nur wegen der vielen Menschen. Gegen Ende des Gebetes werden wir eingeladen, nach vorne zum Kreuz zu kommen. Jede Woche am Freitagabend gibt es in Taizé einen Ritus, bei dem die Mitfeiernden eingeladen sind, ein am Boden liegendes Kreuz zu verehren. Ich kenne eine Reihe von Menschen, für die dieses Ritual zu einem wichtigen Element ihrer Spiritualität geworden ist.

Schließlich stelle auch ich mich in die Reihe derjenigen, die auf diese Weise das Kreuz verehren wollen. Eine lange Schlange hat sich bereits gebildet. Doch plötzlich zucke ich innerlich zusammen. Wenige Meter vor mir steht ebenfalls in der Schlange genau die Frau, die ich nach erfolgtem Anerkennungsverfahren jener Gruppierung als Betroffene kennengelernt hatte. Ich bin seltsam berührt. Einen kurzen Moment überlege ich, wieder aus der Schlange auszuscheren. Mein Gedanke: Diese Frau verbindet mit »Kreuz« eine ganz andere Leidenserfahrung als ich. Passt das jetzt noch, wenn wir so unvermittelt nacheinander das gleiche Kreuz berühren? Schließlich bleibe ich in der Schlange, berühre das Kreuz und verlasse sehr bewegt den Ort.

Beim Ausgang entdecke ich die Frau wieder. Sie kommt auf mich zu und spricht mich an. Sehr respektvoll fragt sie mich, ob es für mich passen würde, den Weg zum Bahnhof gemeinsam zu gehen. Sie hätte aber auch volles Verständnis, wenn ich jetzt, nach dieser dichten Gebetszeit, allein sein möchte. Wir gehen den Weg gemeinsam und es ergibt sich ein sehr intensives Gespräch.

Dankbar gehen wir schließlich auseinander. Auch an diesem Abend können wir nicht alle offenen Fragen klären. Das ist mir auch jetzt, viele Monate später, sehr wichtig: Die Spannung ist nicht einfach aufgelöst. Sie bleibt, und vor allem die geschehenen Verletzungen bleiben. Sie sind nicht einfach geheilt nach solch einer geistlichen Erfahrung. Das haben wir uns bisweilen zu einfach gedacht und manchmal Menschen durch eine falsche geistliche Interpretation ein zweites Mal tief verwundet: »Du hast eine gute geistliche Erfahrung gemacht, jetzt hat Jesus deine Wunden geheilt.« Aber wie war das mit den Wunden Jesu? Diese waren auch beim Auferstandenen noch da. Sie waren nicht einfach »zugeheilt«. Im griechischen Text des Markusevangeliums und der Paulusbriefe wird das auch sprachlich zum Ausdruck gebracht. Der »Gekreuzigte« wird durch ein Partizip Perfekt ausgedrückt, das allen Leserinnen und Lesern damals etwas Bleibendes, Fortwährendes verdeutlicht hat: Im Auferstandenen begegnet uns bleibend der Gekreuzigte, auch wenn durch die Auferstehung eine neue, todüberwindende Einheit zwischen Gott und dem Menschen, unsere Erlösung ein für alle Mal geschehen ist. Dieser Osterglaube ist der tragende Grund für unser Kirche-Sein in all den aktuellen Spannungen.

Zu unserem geistlichen Leben gehört das Aushalten dieser Spannungen. Es gehört dazu, die Realität von Verletzungen in mir und im Gegenüber anzuerkennen. Der im Kampf verwundete Ignatius von Loyola wird ein Leben lang hinken. Zu Beginn seines geistlichen Weges versucht er, diese Realität auszublenden und hat die Absicht, barfuß und wilde Kräuter essend nach Jerusalem zu pilgern. Doch seine Verwundung meldet sich deutlich und er muss anerkennen, dass sie ein Teil von ihm ist, der auch durch noch so fromme Übungen und Askese nicht geleugnet werden kann.

Wunden und Spannungen bleiben. Aber an diesem Abend in Stuttgart haben wir erfahren, dass die Spannung auch das Potential haben kann, dass etwas Neues wächst. Dieser Abend war zuvor so nicht geplant und die Konstellation, die sich an diesem Abend ergab, so nicht vorhersehbar. Ich deute ihn im Nachhinein als ein Angebot, das wir annehmen konnten oder eben auch nicht. »Einheit, die Jesus Christus schenkt« – dazu gehören Situationen und Konstellationen, die aus unserer Sicht nicht vorhersehbar, nicht berechenbar sind. Als gläubiger Mensch interpretiere ich solche Situationen als Geschenk und damit eben auch als Angebot Gottes. »Geschenk« und »Angebot« verweisen zugleich auf die Freiheit des Menschen, sich darauf einzulassen oder eben nicht. Diese Freiheit ist unverzichtbar. Ohne sie kann es keine tiefere Einheit geben. Entscheiden wir uns dafür, ist sehr oft – wie an jenem Abend – ein innerer Sprung von uns gefordert, ein Wagnis. Angebot, Freiheit und Wagnis sind für mich wesentliche Momente, die die Bewegung zur Einheit kennzeichnen.

An diesem Abend prägt sich mir eine Erfahrung besonders ein. Bei allen bleibenden Unterschieden, die auch durch die je eigene Biografie und die jeweilige Rolle bedingt sind, haben wir erlebt, dass uns etwas Entscheidendes verbindet. Seinen Ausdruck fand das in der Verehrung des Kreuzes von Taizé. Nun könnte man sagen: Ja, es ist Jesus, der uns mit seinem Kreuz verbindet. Theologisch ist dies zweifelsfrei richtig. Aber es geht hier nicht nur um eine theologische Einsicht. Was hinzukam, war eine gemeinsame Erfahrung mit diesem Kreuz, oder besser gesagt: die Erfahrung, dass es auch in der Unterschiedlichkeit an einer sehr wesentlichen Stelle etwas Gemeinsames gegeben hat. Anders ausgedrückt: Uns ist in diesem Moment etwas geschenkt worden, das letztlich unverfügbar und in gewisser Weise auch zerbrechlich bleibt. Das ist jedenfalls meine Erfahrung aus jener Situation: Wo ich mich den Verletzungen meines Gegenübers und deren Folgen aussetze, kann eine positive Dynamik entstehen, kann sich Heilsames ereignen in und trotz aller bleibenden Verletzung.

Im Blick auf die Spannungen ist für mich neben dem Bild vom Zelt noch ein weiteres biblisches Bild sehr sprechend. Dem Evangelium zufolge gerät Jesus in eine spannungsreiche Situation, als ihm vorgehalten wird, dass seine Jünger nicht fasten. Offenbar setzen sie sich über bestehende Konventionen hinweg. Jesus antwortet mit dem Bild vom jungen Wein in den neuen Schläuchen (Lk 5, 38). Aus meiner Sicht ist hier allerdings die Formulierung in der früheren Bibelübersetzung vom »neuen Wein« treffender. Warum ein Schlauch reißen soll, wenn in ihn ein junger, also ein in den vergangenen Monaten gereifter Wein gefüllt wird, erschließt sich rein sachlich nicht. Anders ist das mit dem Wein, den wir in meiner mittelbadischen Heimat als den »neuen Wein« bezeichnen – den Traubensaft, auch Federweißer genannt, der noch im Gärprozess ist. Wer schon einmal eine Flasche mit Federweißem fest verkorkt hat, der weiß, welche Kraft in ihm steckt und wie es »starren Systemen« damit geht. Wie also damit umgehen, wenn sich durch einen fortschreitenden Gärprozess zwar der »neue Wein« bildet, das Gefäß aber gehörig unter Druck kommt?

Der in kirchlichen Reformprozessen oft zitierte Jesaja-Vers ist alles andere als harmlos: »Siehe, nun mache ich etwas Neues. Schon sprießt es, merkt ihr es nicht? Ja, ich lege einen Weg an durch die Wüste und Flüsse durchs Ödland.« (Jes 43,19) Wie gehen wir mit der Kraft des jungen Triebes und des »neuen Weines« um? Die lange praktizierte Reaktion »Fest verkorken – die Frage wird nicht mehr diskutiert« wird nicht mehr akzeptiert, zumal die Folgen absehbar sind. Eine weitere Reaktion ist, den Gärprozess zu unterbinden, indem der Traubensaft abgekocht und damit sterilisiert wird. Auch dafür meine ich, in unserer Kirche immer wieder Beispiele zu entdecken. Es sind dies Räume oder auch Formen der Verkündigung, in denen alles klar zu sein scheint und in denen wichtige und für viele Menschen brennend aktuelle Fragen keinen Platz haben.

Jene biblische Situation, in der Jesus das Bild vom »neuen Wein in neuen Schläuchen« einführt, scheint ein solcher Gärprozess gewesen zu sein. Die Jünger spüren, dass mit Jesus etwas Neues begonnen hat. Sie meinen, sich über bisherige Konventionen hinwegsetzen zu können. Doch Jesus deutet im Gespräch mit den Kritikern auch weitere Stufen des Gärprozesses an: »Es werden aber Tage kommen, da wird ihnen der Bräutigam weggenommen sein; dann, in jenen Tagen, werden sie fasten.« (Lk 5, 35) Damit deutet Jesus an: Der aktuelle Gärprozess ist noch nicht die Vollform; da kommt noch einiges. Jedoch nimmt Jesus wie ein guter Kellermeister den aktuellen Prozess als notwendigen Schritt an. Auch beim Reifen des Weines kann nicht einfach ein Gärprozess übersprungen werden. Die Spannung im Gefäß gilt es auszuhalten und zu gestalten. Erst dann kann irgendwann das Hohelied angestimmt werden: »In das Weinhaus hat er mich geführt. Sein Zeichen über mir heißt Liebe.« (Hld 2,4)

Mir hilft dieses Gleichnis, angesichts der aktuellen Spannungen immer wieder einen Schritt zurückzutreten. »Wenn sich dies und jenes in der Kirche ändert, dann ist das nicht mehr meine Kirche« – so die einen. »Wenn dies und jenes sich nicht bald in unserer Kirche ändert, dann ist das nicht mehr meine Kirche« – so die anderen. Dahinter stecken oft viel Not und manch persönliche Verletzung oder Kränkung. Oft spüren Menschen dann einen großen Druck. Sie meinen, mit großer Energie und gegen viele Widerstände vieles angehen zu müssen. Bei aller Leidenschaft im Ringen um die Zukunft der Kirche zeigt sich hier aber bald das Gefühl einer Überforderung. Frust und Niedergeschlagenheit stellen sich ein.

Unsere Haltung in kirchlichen Veränderungsprozessen und unseren Beitrag dazu müssen wir theologisch reflektieren. Denn in den Gleichnissen Jesu ist nicht von einem Hamsterrad die Rede, in dem wir uns immer schneller drehen müssen. Explizit – oder wie beim Bildwort vom »neuen Wein« implizit – spricht Jesus vom Winzer oder vom Kellermeister. Das sind nicht wir. Es ist letztlich Gott selbst, der die Gärvorgänge steuert (vgl. Joh 15). In diesem Zusammenhang spricht Jesus von sich selbst als dem Weinstock. Der Weinstock ist dafür verantwortlich, dass die Traube überhaupt wachsen kann und somit auch jene Stoffe ausprägt, die den Gärvorgang ermöglichen. Betrachten wir aus dieser Perspektive das, was ich hier als »kirchliche Gärvorgänge« bezeichne: Können wir glauben, dass der Impuls für so manche Gärvorgänge von Jesus selbst ausgeht? Können wir glauben, dass Gott selbst als der Winzer oder Kellermeister unsere spannungsreichen, oft sehr belastenden Wachstumsprozesse und kirchlichen Gärvorgänge – wenn die Reben tatsächlich Frucht gebracht haben und in den Prozess von Kelter und Ausbau des Weines gehen – prägt und steuert? Dann müssen wir das, was derzeit in unserer Kirche gärt, unter einer anderen Perspektive betrachten und den Willen Gottes suchen – gerade in dem, was uns an Kritik und an Reformbedürfnis entgegenkommt.

Vielleicht haben wir bisweilen doch ein zu statisches Bild von Gott. Er ist dann derjenige, der am Anfang alles in Bewegung gesetzt hat, sich jetzt aber raushält. Die Bibel zeichnet allerdings ein sehr dynamisches Bild vom Ringen Gottes mit seinem Volk. Mich erinnert dies an die Agilität eines Winzers, der beispielsweise in der Zeit der Ernte seine Pläne immer wieder überarbeiten muss. Aufgrund der Wetterentwicklung muss er gegebenenfalls alle paar Tage neu berechnen, welche Rebsorte jetzt geerntet werden kann. Der Winzer braucht diese Flexibilität, um sein Ziel – die Gewinnung eines Spitzenweines – auch erreichen zu können. Gott will sein Volk zusammen mit seiner Schöpfung zur Vollendung führen. Die Bereitschaft, sich zu verändern und sich führen zu lassen, kann bisweilen sehr herausgefordert werden.

Können wir glauben, dass es ohne die Gärvorgänge in unserer Kirche nicht geht? Die Winzer bauen auf solche Gärvorgänge. Natürlich gibt es den bewährten Riesling früherer Jahrgänge, der bereits im Fass gereift ist. Doch Jahr für Jahr beginnt der Vorgang neu. Dabei finden alte Traditionen und neue Erkenntnisse zueinander. Weinbau angesichts des Klimawandels braucht beides – und eine Leidenschaft für das Ziel. Bisweilen braucht es auch den harten Schnitt – im Weinbau in Zukunft noch mehr als bisher. Das Bewährte trägt nur dann, wenn es verändert wird. Aufgrund des Klimawandels müssen neue Weinsorten gepflanzt werden, die mit den gestiegenen Temperaturen besser zurechtkommen. Nur so bleibt der Weinbau authentisch und liefert Qualität. Für mich gilt dieses Bild auch für unsere Kirche: Gerade eine deutlich gestiegene Sensibilität für gerechte Strukturen führt zu Veränderungen, die uns als Kirche in der Welt von heute die Möglichkeit gibt, im Heute authentisch Zeugnis von Jesus Christus und unserem österlichen Glauben zu geben.

Ich bin davon überzeugt, dass die Zukunft der Kirche wesentlich davon abhängt, ob wir Spannungen in dem Sinne gestalten können, dass wir sie als Chance zum Wachstum begreifen und als Möglichkeit, wie uns Gott auf ungeahnte Weise überrascht, auch indem sich in allen Spannungen die Einheit zeigt, die nicht wir »machen«, sondern uns durch Gottes Handeln geschenkt ist – nämlich indem sich die Dynamik von Ostern, von Tod und Auferstehen, in der Neuheit des Lebens zeigt (vgl. Röm 6,4).

Schluss

Gottes Volk in der Tiefe der Wüste: Was hilft, den Pfad in die Zukunft zu finden? Als ich im Sommer im Hochgebirge Südtirols mir meinen Weg über Geröllfelder an Steilhängen entlang suche, geht mir diese Frage wieder nach. Das »Man sollte doch …« und das »Man müsste nur …« oder auch das »Wenn doch nur …« – das ist in unseren kirchlichen Kreisen immer wieder zu hören. Jedoch helfen diese Sätze weder im Hochgebirge noch in der Wüste und vermutlich auch nicht anderswo weiter. Man kann gerne den Weg kritisieren, den andere gehen. Im Hochgebirge zählt diese Kritik aber nur, wenn sie nicht einfach bloße Kritik des Weges anderer bleibt. Vielmehr muss ich dann plausibel und vor dem Hintergrund meiner Erfahrung eine Alternative aufzeigen können. Und wer seine Kritik nur vom Schreibtisch aus formuliert, ohne mit Staub und Schweiß in Berührung gekommen zu sein, wird von den Alpinisten belächelt. Einfach nur stur der einst gezeichneten und über viele Jahrzehnte vielfach bewährten Karte zu folgen, ist jedoch auch keine Alternative und führt bisweilen in den Abgrund. Bei einer meiner Touren komme ich an insgesamt zehn Fels- und Geröllabgängen neuesten Datums vorbei. Auch das ist die Realität der Berge. Es sind eindeutige Spuren des Klimawandels. Zugleich sind diese Geröllabgänge für mich auch ein Bild dessen, was wir gerade gesellschaftlich und globalpolitisch erleben.

Wie finden wir unseren Weg? Was im Hochgebirge und in Wüstengebieten entscheidend zählt, ist die Begegnung und der Erfahrungsaustausch über gelungene und damit gangbare Wegpassagen: »Welchen Weg seid ihr gegangen?« – »Welche Erfahrungen habt ihr dabei gemacht?« – »Was bedeutet das für uns mit unseren Möglichkeiten und mit der Witterung, die wir gerade erleben?« In der Regel können wir jedoch nicht einfach kopieren, was andere uns berichten, sondern müssen dies auswerten und entsprechend anwenden – immer vor dem Hintergrund unserer Möglichkeiten und der aktuellen Wetterprognose.

Drei Dinge – so lehrt mich die Wüstenerfahrung im Hochgebirge – brauchen wir als Verantwortliche und in unseren Gruppen und Gremien heute unabdingbar:

1. Eine gemeinschaftliche Ausrichtung auf das, was mit »Ziel« gemeint ist

Über viele Jahre erfährt sich Prior Christian in Tibhirine mit seiner persönlichen Vision, die er 1975 in seinem Gesuch zur Aufnahme in das Kloster formuliert hat, als einsam: »im GEBET, im Dienste der Kirche Algeriens und im Hinhören auf die muslimische Seele zu leben, wenn es Gott gefällt bis zur letzten Gabe meines Todes, ut in omnibus glorificetur Deus.« Die Jahre unmittelbar nach seiner Aufnahme sind im Kloster dann allerdings von Spannungen um die Frage der Ausrichtung der Gemeinschaft bestimmt. Und hier scheinen sein Vorbild und seine Vision – gelebt in Konsequenz und zugleich ehrlicher, wertschätzender Zuneigung gegenüber den Mitbrüdern – über zwei Jahrzehnte hinweg in der Gemeinschaft eine Prägekraft entwickelt zu haben. Durch die zunehmend bedrängender werdende politische Situation und insbesondere durch den ersten Überfall auf das Kloster an Weihnachten 1993 erfährt die Frage nach der Ausrichtung eine bislang ungekannte Dramatik. »Gehen oder bleiben« wird zur existenziellen Frage jedes einzelnen Mönchs. Die Wochen nach dem Überfall sind geprägt von der je persönlichen Entscheidung für das »Bleiben« und sie zeugen zugleich von der gemeinschaftlichen Ausrichtung auf das »Letzte«. So schreibt Christian in jener Zeit über die jetzt gemeinsame Motivation ihres Bleibens: »In der Sprache des Glaubens heißt das, dem Plan Gottes zu dienen, der vorsieht alle Menschen zu sammeln, indem er die Gläubigen einlädt ein Beispiel zu geben durch den gegenseitigen Wettstreit um das Gute. Wenn dieser Plan erst nach dem Tod gänzlich enthüllt wird, ist es nicht legitim, dass man ihm sein Leben weiht? Und dieses schließt den Tod mit ein.« Gerade die letzten beiden Sätze geben auf eindrucksvolle Weise Zeugnis von der Ausrichtung auf das »Letzte«.

Man mag einwenden: Taugt so ein existenzieller Entscheidungsprozess tatsächlich als Vorbild für die von uns geforderten Entscheidungen? Doch Schrift und Tradition fordern nicht nur einzelne »Hochleistungssportler des geistlichen Lebens« zu jenem »magis«

heraus, sondern jede und jeden von uns mit den Gemeinschaften, in denen wir leben. Die Jahreswende 1993/1994 in Tibhirine markiert für mich eine erste Lektion für Verantwortliche, Gruppen und Gremien in unserer Kirche: Woran richtet sich meine eigene und – nach und nach – unsere gemeinsame Blickrichtung tiefergehend aus, wenn wir uns den aktuellen Herausforderungen stellen? Kompass und Maßstab ist jenes letzte Ziel, von dem Ignatius im Singular spricht, das uns von Gott her zukommt und das gleichwohl erst in einem gemeinsamen Prozess hervortritt. Um Menschen mit der Botschaft des Evangeliums zu erreichen und sie in ihrer Christusbeziehung zu stärken, brauchen wir zuvor diesen existentiellen Vorgang unserer Verantwortlichen, Gruppen und Gremien: eine Ausrichtung auf DAS Ziel und eine Haltung, dass Gott es ist, der mit uns zusammen handelt (vgl. Apg 14,27 und 15,4).

2. Eine tiefe innere Freiheit, die den Gedanken zulassen kann: Möglicherweise kommt alles anders

Der Weg Jesu mit seinen Jüngern, der Weg der ersten Christinnen und Christen und seitdem der Weg unzähliger Heiliger und anderer Personen in der Nachfolge Jesu ist vor allem ein innerer Weg. Er ist ein Ringen um das, was Ignatius Indifferenz nennt. Indifferenz meint – im Bild gesprochen – Pendelsicherheit. Noch so unkoordinierte Ausschläge eines freischwingenden Pendels sind geordnet, weil sie am Fixpunkt der Aufhängung des Pendels zur Ruhe kommen. Wo ich »oben« und damit »im Letzten« und »vom Letzten« gehalten bin, kann ich gelassen im »Vorletzten« sein. Ich kann in Freiheit schwingen, ohne mich zu verkrampfen und ohne mich zu verlieren. In der Wüste Nordafrikas wird uns diese Lektion der Pendelsicherheit eindrücklich vor Augen geführt: Als sich Christian de Chergé für seine Profess entscheidet, ist der Bestand des Klosters, an das er sich bindet, mehr denn je gefährdet. Seine Pendelsicherheit gründet im Letzten, im Ostergeheimnis, nicht am umbauten Ort von Tibhirine. Die Fruchtbarkeit der Mönche und des Ortes wird voll wirksam erst nach dem Tod und nachdem das Kloster leer steht.

Ich bin davon überzeugt, dass wir als Verantwortliche und in unseren Gruppen und Gremien künftig nicht um eine radikale Übung herumkommen, indem wir uns fragen: Was würde uns tragen, wenn unser Kirchengebäude profaniert, das Pfarrheim verkauft, das Konto leergeräumt und hauptberufliches Personal nur noch bedingt ansprechbar ist? Bisweilen stoßen wir auf Christinnen und Christen, die genau diese Erfahrung gemacht haben, wenn sie aus Syrien, der Ukraine oder anderen Teilen der Weltkirche zu uns kommen. Und ihr Glaube beeindruckt uns. Investieren wir in das, was uns trägt und Pendelsicherheit verleiht!

3. *Beziehungen, in denen wir über diese tiefen inneren Vorgänge im Gespräch sind*

Eine dritte Lektion lernen wir in Nordafrika: Sowohl das Leben der frühchristlichen Wüstenväter als auch das der Trappisten von Tibhirine war auf den ersten

Blick vor allem vom Schweigen geprägt. Wer sich intensiver mit ihnen beschäftigt, der entdeckt allerdings, dass es sich um Menschen handelt, die im hohen Maße kommunikativ waren. Intensiv haben sie im Gebet mit Gott gerungen, nach seinem Willen gefragt, dabei auch Zeiten der Trockenheit und des Nichtverstehens ausgehalten. Intensiv standen sie untereinander in Kontakt. Das war keine Geschwätzigkeit, sondern profilierter, tiefgründiger Austausch. Davon zeugen unzählige Schriften und Briefe. Und sie waren in Fühlung und Resonanz mit ihrer Umgebung, die so unwirtlich und fremd erscheint.

Der Aufbau, die Einübung und die Pflege von Beziehungen, in denen wir über die tiefen inneren Vorgänge ins Gespräch kommen, ist eine Aufgabe und Verpflichtung für alle Verantwortlichen, unsere Gruppen und Gremien. Gott führt uns in die Tiefe der Wüste, weil sich Ziel, Weg und Nahrung nur im Unterwegssein finden lassen.

Anhang

Das Titelbild dieses Buches zeigt die Krypta der Michaelskirche in Fulda, die im Jahr 822 eingeweiht wurde und seitdem unverändert erhalten geblieben ist. Sie ist baulich eng mit dem Fuldaer Bischofshaus verzahnt und ein außergewöhnlicher, geprägter Ort geistlicher Erfahrung: www.michaelskirche-fulda.de

Die Beobachtung wichtiger pastoraler Prozesse im Bistum Fulda hat dazu geführt, dass auch das bischöfliche Hirtenwort, das traditionell für den Ersten Fastensonntag verfasst wird, zuletzt auf der Basis von bildstarken Grundaussagen verfasst wurde. So lag es nahe, zum Text jeweils einen Kurzfilm zu drehen, der das Hirtenwort sprachlich und dramaturgisch auf eigene Art und Weise auf den Punkt bringt.

- Das Hirtenwort von 2022 wurde wesentlich von der Botschaft der Fuldaer Michaelskirche inspiriert, die in jenem Jahr ihr 1200jähriges Weihejubiläum feierte. Der Text und der Film sind hier dokumentiert: hirtenwort.bistum-fulda.de
- Das Hirtenwort von 2023 hat das Arbeitsdokument der Weltsynode und dessen sprechenden Titel »Mach den Raum deines Zeltes weit!« aufgegriffen. Es wurde in engem Kontakt mit Pfadfinderinnen und Pfadfindern verfasst und ist

als Text mit dem zugehörigen Film hier dokumentiert: hirtenwort.bistum-fulda.de

Wie im Verlauf des Textes deutlich wurde, ist das Buch ein Baustein in einem intensiven Arbeitsprozess des Bistums Fulda. Auf zwei weitere Bausteine will ich hinweisen:

- Für die Arbeit in Gruppen, Gremien und Gemeinschaften wird es zum Buch noch konkrete Unterstützung zur thematischen Erschließung und Vorschläge zur praktischen Umsetzung geben. Federführend ist hier die Stabsabteilung Strategie und Bistumsentwicklung tätig. Die Bausteine werden auf der Website des Bistums in einem eigenen Bereich veröffentlicht: fuenfprinzipien. bistum-fulda.de
- Zugleich mit dem Manuskript dieses Buches ist eine weitere Veröffentlichung vorbereitet worden, deren Autorin auch an meinem Text mitgearbeitet hat. Sie vertieft unter anderem das zentrale Kapitel »Radikal vom Ziel zum Mittel« in der Tradition der Exerzitien des Ignatius von Loyola. – *Igna Kramp CJ: Das Ziel im Blick. Leben und arbeiten auf gutem Grund.* Es erscheint als Band 98 in der Reihe »Ignatianische Impulse« im Echter Verlag im Frühjahr 2024.

Wer selbst schreibt, war zuvor selbst Lesender und hat sich von Reflexionen anderer inspirieren lassen. Auch in dieses Buch sind wichtige Erkenntnisse von anderen eingeflossen und zitiert worden. Diese kleine Auswahl versteht sich auch als Empfehlung zum Weiterlesen an anderer Stelle.

- Paul Veyne: Als unsere Welt christlich wurde. Aufstieg einer Sekte zur Weltmacht (München 2008) – auf ihn verweise ich im Prolog (vgl. insbesondere S. 27–31).

- Jörg Lauster: Die Verzauberung der Welt. Eine Kulturgeschichte des Christentums (München 2014) – der unter anderem der Frage nachgeht, warum das Christentum in der Antike überlebt hat (vgl. S. 84–89, ebd. zur »Präzisierung des Monotheismus« S. 85f).

- Ludger Schwienhorst-Schönberger: Der eine Gott und die Götter. Religions- und Theologiegeschichte Israels – ein Durchblick (Freiburg 2023).

- Claude Rault: Die Wüste ist meine Kathedrale (St. Ottilien 2011). – Die deutsche Übersetzung zentraler Dokumente nordafrikanischer Bischöfe im Kapitel 1 habe ich diesem Buch entnommen (vgl. S. 35 und 60f).

- Michaela-Theresa Richter: Glaube als Teilhabe. Das Lebenszeugnis Christian de Chergés, Prior von Tibhirine (Algerien) (St. Ottilien 2023). – Nachdem ich bereits ältere Veröffentlichungen zu den Märtyrern von Tibhirine gelesen hatte, hat diese neue wissenschaftliche Arbeit mir weitere wichtige Bezüge erschlossen (für das Kapitel 2, den Schluss und die Zitate vgl. insbesondere S. 64, 82, 104, 81 und 96).

- Benedikt von Nursia: Regel des heiligen Benedikt. Online: www.benediktiner.benediktiner.de/index. php/die-ordensregel-des-hl-benedikt.html
- Ignatius von Loyola: Geistliche Übungen. Übersetzt von Peter Knauer SJ (Würzburg [5]2021).

Nicht alle konkreten Erfahrungen und Begegnungen, die im Buch geschildert werden, sind namentlich zu identifizieren. Aber einige Kontakte sollen hier in der Reihenfolge, wie sie im Buch erscheinen, stellvertretend genannt werden – dankbar dafür, dass es wichtige Lernorte meines Blicks auf die Kirche sind.

- Es waren die Steyler Missionsschwestern, die vom Pfarrhaus im Kaiserstuhl aus weitergezogen sind: www.steyler-missionsschwestern.de
- Die Franziskanerinnen vom Göttlichen Herzen Jesu, landläufig als die Gengenbacher Franziskanerinnen bekannt: www.franziskanerinnen-gengenbach.de
- Das Wohnpflegeheim St. Lucia der Caritas im Bistum Fulda: www.st-lucia-fulda.de
- Der Träger des ambulanten KinderPalliativTeams Nordhessen, die Kleinen Riesen Nordhessen, deren Botschafter ich bin: www.kleine-riesen-nordhessen.de
- Die Albertusburse in Freiburg i. Br.: www.albertusburse-freiburg.de
- Das Jugendhilfezentrum der Salesianer Don Boscos in Sannerz: sannerz.donbosco.de

- Die Pfadfinderinnen und Pfadfinder des Stammes Funkenflug in Niederdorfelden: www.dpsg-nieder dorfelden.de

Wenn Sie mir Ihre Gedanken zum Buch »In der Tiefe der Wüste« schreiben wollen:

Bischof Dr. Michael Gerber
Michaelsberg 1
36037 Fulda
indertiefe@bistum-fulda.de